高等学校十二五规划教材·体育技能类

散打技术与训练

任丽娟　编著

西北工业大学出版社

【内容简介】 本书是在总结多年散打教学实践经验、翻阅大量相关文献的基础上完成的。其主要内容包括散打运动概述、散打的基本技术、散打教学、散打训练等，附录中有散打裁判理论考试模拟试题。内容丰富，实用性强。本书对弘扬我国民族传统体育散打项目，丰富散打训练理论具有一定的现实意义。本书适合散打学习者、教练员参考使用。

图书在版编目(CIP)数据

散打技术与训练/任丽娟编著．—西安：西北工业大学出版社，2012.9
ISBN 978-7-5612-3489-1

Ⅰ．①散… Ⅱ．①任… Ⅲ．①散打(武术)—基本知识 Ⅳ．①G852.4

中国版本图书馆 CIP 数据核字(2012)第 233467 号

出版发行：西北工业大学出版社
通信地址：西安市友谊西路 127 号　　邮编：710072
电　　话：(029)88493844　88491757
网　　址：www.nwpup.com
印 刷 者：陕西兴平报社印刷厂
开　　本：727 mm×960 mm　1/16
印　　张：12.75
字　　数：222 千字
版　　次：2012 年 9 月第 1 版　　2012 年 9 月第 1 次印刷
定　　价：25.00 元

前　言

散打是中华武术的精华之一，是具有独特民族风格的体育项目。多年来，散打在民间流传发展，深受人们喜爱，成为华夏民族灿烂文化遗产中的瑰宝。为了继承并发展这一宝贵文化遗产，使散打运动发展成为我国正式的竞技比赛项目，并走向世界，1978 年，国家体育运动委员会(现为国家体育总局)运动司武术处成立了武术对抗项目调研组，并于 1979 年决定将散打列为竞技比赛试验项目。之后，散打在国内外蓬勃发展。1980 年，在北京工人体育场第一次举行了全国武术散打邀请赛，之后每年一次；1988 年，在深圳举办了首届国际武术散打擂台邀请赛；1989 年，散打列为全国正式竞赛项目，并颁布了《武术散打竞赛规则》；1990 年，公布实施了《散打运动员技术等级标准》；1991 年，散打列为世界武术锦标赛正式项目；1993 年，散打列为全国运动会竞赛项目；1998 年，散打列为亚洲运动会竞赛项目；2000 年，在湖南长沙举办了首届中国武术散打王争霸赛；2002 年，在上海卢湾体育馆举行了第一届世界杯武术散打比赛。历经 30 多年，散打发展迅速，成果显著。中国在国际比赛中成绩优异，捍卫了中国散打在世界上的优势地位。同时，散打运动在我国的普及与推广也得到了进一步发展。

20 多年来，笔者通过校内女子防身术课程以及散打培训的教学实践，散打知识与技术、教学与训练得到一定程度的提高，希望编写适用于散打学习者、教练员参考使用的散打书籍，以实现多年来的心愿。在总结多年散打教学训练实践经验、阅读大量文献资料的基础上，2007 年完成初稿。之后，经过校内实践，对初稿进一步修改、完善，2012 年 4 月定稿。本书主要内容包括散打运动概述、散打的基本技术、散打教学、散打训练等，附录中有散打裁判理论考试模拟试题。内容丰富，实用性强。

本书在编写过程中，得到西安体育学院武术系唐军、陕西省武术管理中心陈龙、陕西师范大学体育学院敬继红、陕西省体育运动学校刘剑的支持与帮助，在此深表感谢。书中如有不足之处，敬请专家、同行指正。

编　者

2012 年 4 月

目　录

第一章 散打运动概述

散打是两人按照一定的规则，运用武术中的踢、打、摔等攻防技法制胜对方的、徒手对抗的现代竞技体育项目，它是中国武术的重要组成部分。

关于武术徒手格斗形式的名称，在历史演变过程中，古称有相散手、相搏、角力、手搏、抱手、白打、卞、弁等说法。民国时期，开始将武术徒手格斗称为"散手"，在民间得到广泛使用。散手、散着、散打、拆手，指的都是同一个概念。

第一节 散打运动的起源与发展

武术徒手搏击，起源于人与兽斗，随着私有制和部落间战争的出现，人与人之间的斗争使搏击技术进一步发展。

远古时期，人们为了生存，除制造和使用简单的工具外，还必须具备与大自然斗争的徒手技能。云南沧源原始岩画中就描绘了人与野兽搏斗的场景。《毛记》曰："暴虎，空手以搏之。"《淮南子·览冥训》有云："往古之时，猛兽食颛民，鸷鸟攫老弱。"《吕氏春秋·荡兵》曰："未有蚩尤之时，民固剥林木以战矣。"《史记·五帝本纪》曰："黄帝与炎帝战于阪泉之野，三战，然后得其志。"这些战争，不仅锻炼了人们使用器械的拼杀技能，而且徒手搏击也得以运用，由此产生了武术徒手搏击的萌芽。

奴隶社会时期，武术徒手搏击即"手搏"已形成，并成为服务于奴隶主的一种技能。商周时期，《诗·郑风·大叔于田》有云："袒裼暴虎，献于公所。"可见"搏兽"已不仅仅是生存技能，而且已成为服务于奴隶主贵族田猎活动的搏斗技能。此外，还有"搏人"的记载。《礼记·月令》载："孟秋之月……禁止奸慎罪邪，务搏执。"《周礼·夏官·环人》载："(环人）搏谍贼。"这表明武术徒手搏击在当时已有了一定的发展。

春秋战国时期，《左传·成公十六年》载："叔山冉搏人以投，中车所轼。"说明"手搏"作为专门的搏击技能存在着。《庄子·人间世》载："且以巧斗力者，即乎阳，常卒乎阴，大至则多奇巧。"这说明较力相搏是有技巧的，在《资治通鉴》和《荀子·议兵篇》中也记载了当时已经有了战术的运用。《释名》曰："搏，四指广（搏）亦以击之也"，"然且始举手击要，终在扑也。"说明当时的武术徒手搏击也有了摔法的运用，手搏技术有打有摔，打其要害，摔其倒地。除此之外，擒拿法也有发展，《公羊传》曰："万怒，搏闵公，绝其脰。""绝其脰"是指擒拿锁喉法。可见徒手搏击的技法已经有相当程度的发展，并不只是以手相击。

秦朝时期，在民间实行禁武的方针，然而秦王朝两世即灭，对武术徒手搏击的发展影响不大。在1975年湖北江陵凤凰山秦墓中出土的一件木蓖上，有这一时期手搏比赛的彩绘画面。

汉代，武术徒手搏击得到进一步发展。孟康曰："弁，手搏。"说明这一时期手搏也称"弁"，或称"卞"。在河南密县东汉墓室壁画及四川新都出土的汉画砖中都有手搏的画面。汉代班固在《汉书·艺文志》"兵技巧"中收有《手搏》六篇，说明当时手搏在技术上有了更大发展，在理论上已有专门的阐述。《汉书·甘延寿传》载："（甘延）试弁，为期门，以材力爱幸。"说明当时手搏科试已成为选拔期门军武生的手段。据《居延汉简甲编》记载："相错畜，相散手。""相错畜"说明角抵和手搏已经分离，反映了武术徒手搏击内容更加丰富。

魏晋、南北朝时期，国家分裂割据，社会动荡，民族战争和阶级斗争日益激化，促进了各种武技的迅速发展，手搏也得到进一步发展。

隋、唐、五代，"角抵""相搏""手搏"已经并用。据《角力记》载："后唐庄宗性多能，癖好俳优并角抵戏。……又谓之曰：'卿一拳倒者，与节制。'及出手，果一拳下而仆。寻除幽州节度使。"这说明在角抵中不仅用跤法，也用拳法。此时有了武举制，它促进了武术向规范化发展，推动了武术在民间的普及与推广。在正月十五和七月中元节常进行民间角抵比赛。《隋书》记载了当时的比赛场景，其中提到各献"天下奇技"，一比就是几天，甚至"终月而罢"。这一时期，武术徒手搏击也成为统治者宴乐观赏活动的重要内容之一。《资治通鉴》齐王天福八年（公元943年）记载，南汉殇帝刘玢"好手搏"，"与储王宴于长春宫观手搏。"在《通鉴记事本末·刘氏据广州》卷二十六中还记载了有的君主不仅喜好观赏角抵，还亲自参加角抵比赛。

两宋时期，人们对手搏活动兴趣浓厚，武术徒手搏击不仅能比武，还具有观赏价值。《宋朝事实类苑》卷五十六《将帅才略》记载了种世衡修房梁的一段事，主要叙述由于房梁大，抬不动，种世衡为修房梁，对众人说"汝曹先为我至庙梁，然后观手搏"。这一时期，手搏已是"肘""拳""脚"兼用，也有翻转的各种动作变化。《史弘肇龙虎君臣会》记载两人手搏，众人观看、呐喊，其中“一肘二拳、三翻四合，打倒分际。”说明了肘、拳的运用。《宋史·兵志》中叙述比赛开场白写到：可以“拽直拳、使横拳、使脚剪”。这说明当时直拳、贯拳的普遍运用，也有了地趟摔法。

元代角抵盛行，而且在《元史》中也有关于“手搏”的记载，并有了一定的发展。在元代的八九十年间，虽然朝廷曾多次下令，严禁民间习武和持有兵器，但是无数次的起义却推动了民间武术搏击的发展。

明代是我国民间武术发展成熟的时期，此时的手搏多称为“白打”，也称“角拳”或“搏击”。谢肇淛撰《五杂俎》卷五列举的十八般武艺，前17种都是兵器名称，第18是“白打”，也就是手搏。明徐应秋辑《玉艺堂谈荟》卷三十一《白打钱》曰：“按白打，徒搏也。武艺共十八般，……十八白打。”这一时期，赛前必须立生死文书方能上台比武，参赛者的安全得不到保障。

清朝前期，民间武术蓬勃发展，出现了许多练武的“社”和“馆”，打擂在民间广泛开展。当时女子习武也较盛行，据《虫鸣漫录》记载，兄学艺被拳师打倒后，其妹便与拳师交手，妹飞起一脚，踢中了拳师要害部位。到了清朝后期，人们开始重视武术的强身健体、自卫御敌、祛病养身、养性修德的作用，这加快了武术的体育化的进程。

民国时期，开始将武术徒手搏击称为“散手”，在民间广泛使用，并沿用至今。人们认识到振兴国术，弘扬民族体育，必须通过竞技比赛形式。在西方竞技体育的影响下，上海成立了“精武会”；中央国术馆也相继成立；河北马良创编并推广了“中华新武术”。1928年，国民政府中央国术馆举行了“第一届国术国考”。这次武术徒手搏击对抗赛，采取双败淘汰制，三局两胜，没有级别、流派的要求，不带护具，可使用手、肘、脚、膝，不允许进攻对方眼、喉、裆部。1933年举办了“第二届国术国考”，要求在一定规则下进行对抗比赛，也有了护具的规定和要求。两届国术国考有近20个省、市国术馆和中央国术馆的300多名应试者参加考试。考试分为预试和正试，预试为单人表演，正试为两人对抗表演，散手被列为“国考”的重点项目，预试及格方可参加正试。同年，举办了民国第五届全国运动会，武术徒手搏击对抗赛采用了体重分级，录取名次也有了新的规定。由于没有时间限制，导致竞赛效果不佳。

新中国成立初期，随着武术运动的普及与发展，武术套路被列为推广项目，散打运动也受到广大武术爱好者的喜爱。1953年11月在天津市举行的全国民族形式体育表演及竞赛大会上，散打被列为竞赛项目。随后，在武术的研究发展中，1979年3月国家体委决定将散打列为竞技比赛试验项目。

1980年，散打被列为"全国武术对抗项目表演赛"。国家只将武术套路运动形式作为武术推广表演和竞赛的重点。

第二节　散打竞赛制度的形成与发展

1976年以来，我国各行各业欣欣向荣，蓬勃发展，体育界更是"百花齐放，百家争鸣"。全国掀起了"武术热潮"，民间大众对武术的狂热，使许多人对武术的学习和认识出现了偏差，为了使大众对武术有正确的了解、认识，并继承与发展武术这一宝贵文化遗产，1978年国家体育运动委员会（以下简称国家体委）运动司武术处成立了武术对抗项目调研组，在同年的全国武术套路比赛期间，调研组对教练、工作人员进行了调研，在与武术专家访谈后，向国家体委递交了《关于开展武术散打运动的报告》。之后国家体委提出了开展武术搏击要"积极，稳妥"的方针，这为以后散打的开展奠定了基础。

1979年3月，国家体委决定将散打列为竞技比赛试验项目，并选取了浙江省体育运动委员会，北京体育学院和武汉体育学院三个试验单位。同年5月，在南宁举行的全国武术观摩交流大会上，散打作了尝试性的表演。第四届全国运动会上，国家体委调集浙江省体育运动委员会和北京体育学院散打代表队与河北省体育委员会选拔组成的散打队又进行了公开表演。之后，初步拟定了武术散打竞赛办法。1980年散打被列入"全国武术对抗项目表演赛"。1980年5月，在太原市举行了全国武术观摩交流大会，同年10月，在昆明举行全国武术表演赛期间，国家体委组织有关人员对全国散打竞赛规则进行进一步研讨，并拟定了《全国武术散打竞赛规则（征求意见稿）》。通过试验修改，1981年1月制定了《武术散打竞赛规则（初稿）》，并且按照此规则在北京工人体育馆举行了全国武术散打邀请赛，之后每年一次，使散打运动得到不断发展。1981年5月，在沈阳市举行的全国武术观摩交流大会上，北京体育学院与武汉体育学院代表队进行了第一次公开对抗表演赛。1982年1月，国家体委又组织全国有关人员再次研讨全国散打竞赛规则，确定了全国《武术散打竞赛规则（初稿）》。比赛要求穿戴拳套、护头、护胸和护裆护具。场地是在平地上铺一块9米直径的圆形地毯或在软垫上铺帆布盖单，并标有中心点，距场边0.5米画一警戒线。按照此规则，在北京举行了全国武术对抗项目散打邀请赛。同年12月在北京召开的全国武术工作会议上，指出："技击尚处在实验阶段，要逐步积累经验，对待技击的开展要保持慎重稳妥的态度。"并指出："关于武术技击，目前要限制在一定的范围内进行。”

每年举行一次全国性武术对抗项目散打表演赛，在总结经验的基础上，不断改进完善竞赛规则。1985年又增加了护腿板、体操鞋。之后又将“体操鞋”改为“赤脚穿护脚背”，并增加了护齿。在判断方法上规定，将对方摔打出界而自己站在界内可以得2分，逼使对方出界可以得1分。后来在技术方法、得分标准、禁用方法等方面几经调整，最终取得一致。1988年9月在甘肃省兰州市举行的散打表演赛上，开始采用设擂台比武的办法。同年，在深圳举办了首次国际武术散打擂台邀请赛。15个国家和地区的近60名运动员参加了比赛，中国队获得了7个级别中的5个冠军。至此，散打比赛历经十年，已基本成形，并深受国内外喜爱，被更多人所了解和认识。在此期间，各省、市体育运动委员会、直属体育学院和行业体育协会纷纷成立专业队，各地武术馆、武术学校也与日俱增。散打运动已有了广泛、深厚的群众基础，先后在全国范围内举行了各种类型的全国性武术散打邀请赛，发展形势一片大好。

1989年国家体委把散打列为全国正式竞赛项目，并出版发行了《武术散打竞赛规则》，按照此规则在江西宜春市举行了全国武术散打擂台赛。

1990年，散打比赛的评分采用电子计分器。国家体委正式公布实施了《武术散打运动员技术等级标准》。同年批准了14名散打武英级运动员，批准了第一批国家级武术散打裁判员。

1991年，全国武术散打比赛在上半年和下半年各举行一次全国武术散打锦标赛，上半年是团体赛，下半年是个人赛。国际武术联合会也将散打列为世界武术锦标赛正式项目，首届世界武术锦标赛在北京举行，之后每两年举行一次。1993年，散打比赛被列为全国运动会竞赛项目，第七届全国运动会比赛项目设男子团体1块金牌，1997年第八届全国运动会设3块金牌。1998年，散打比赛被列为泰国曼谷第12届亚洲运动会竞赛项目，设5块金牌。1998年分别在陕西户县、河北沧州、山东青岛举行了三次试验性比赛。同年10月，分别在北京和上海举行了中美武术搏击争霸赛和中国与欧洲运动员搏击对抗赛。1999年开始，锦标赛正式脱掉护具。同年5月在浙江台州举办了“武术散打水上擂台赛”。同年12月赴美与美国职业拳击进行对抗赛。2000年，在湖南长沙市举行了首届中国武术散打王争霸赛，中国武术散打进入了专业赛制的时期。2001年，在国家奥林匹克体育中心中国武术协会散打馆举行了中国武术散打王争霸赛，自2001年2月15日起，人民日报、中国青年报、中国体育报、北京电视台、北京有线电视台、中央人民广播电台等全国180多家媒体对赛事的筹备情况进行了跟踪报道，引起了社会各界的广泛关注。

2002年7月，第一届世界杯武术散打比赛在上海卢湾体育馆举行，来自15个国家和地区的44名运动员参加比赛。中国队8名运动员全部进入决赛，在11个级别的比赛中，中国队获6金2银，金牌和奖牌总数都名列第一。2004年，第二届世界杯武术散打比赛在广州体育馆举行，来自19个国家和地区的59名运动员参加比赛。中国17名选手在所参加的11个级别的比赛中，获得10枚金牌。2006年9月，第三届世界杯武术散打比赛在古城西安举行，来自20个国家和地区的61名运动员参加比赛。本届世界杯设男子11个级别，女子6个级别，共17个级别，中国11名参赛选手在各自参加的级别中全部获得冠军。2008年9月，第四届世界杯武术散打比赛在黑龙江省哈尔滨市举行，来自26个国家和地区的71名男女运动员参加比赛。中国选手在所参加的11个级别的比赛中，获得10枚金牌，男子60kg，65kg，85kg，90kg的冠军被国外选手摘得。2010年12月，第五届世界杯武术散打比赛在重庆市举行，来自21个国家和地区的63名男女运动员参加比赛。在女子7个级别，男子11个级别的较量中，中国选手获得了9项冠军。

为了开拓国外武术散打市场，中国武术散打与泰国的泰拳、法国的自由搏击、日本的空手道、韩国的跆拳道等都进行了多次的交流和互相学习。通过这些对抗赛，极大地提高了散打在世界上的影响力。

为了散打运动能够健康、快速发展，国家体育总局武术运动管理中心和中国武术协会在不断修改、完善竞赛规则，大力推广和培训技术骨干，重视并加大对散打科学研究的力度，加强项目管理和赛风建设等方面做了大量的工作。目前，武术散打的竞赛、规则、教学、训练、裁判已形成较为系统的组织程序和体系，散打在全国的高校、俱乐部、部队、公安系统、民间武术馆等都得到了普遍开展，甚至作为教学训练的主要内容。2012年2月25日，国家武术散打队在陕西西安正式成立，建设一支专门的国家队在中国武术发展史上还是首次。中国武术散打运动必将在世界的舞台上绽放光彩。

第三节　散打运动的特点与作用

散打运动经过30多年的不断总结、改进和发展，已形成了自己独特的技术风格。它既是中国技击术发展的必然结果，也是东西方文化融合的体现。散打运动之所以在世界上普及、推广与发展迅速，效果显著，主要是由散打本身的特点和作用决定的。

一、散打的特点

（一）对抗性

散打的基本形式就是对抗性。比赛双方在没有固定动作顺序的情况下，将体能、智能与技能结合起来，在规定的范围内以对方技击动作随机转移，较智、较技、较勇，互相捕捉对方的弱点，扬长避短，以其长制其短，一分胜负。

散打运动要求运动员不仅具备熟练的散打技术，还应具有敏捷的应变能力，这明显区别于武术套路运动形式，它对运动员心理素质的要求也较武术套路运动更高。散打运动的基本目的是打击对方，保护自己。散打自身具有的特性，突出地体现出武术技击性的特点。

（二）体育性

散打运动作为竞技体育项目，与其他运动项目基本相同，均属于体育，这就必然具备体育的本质属性，将人的健康和安全作为自身存在和发展的前提。国家体委武术院经过试验得出，散打寓技击术于体育之中，它从传统武术徒手搏击术中取舍动作，其技法以增强体质，交流技艺，防身自卫，提高技术水平为出发点。此外，散打又突出地反映出武术技击性的特殊本质，但又明显区别于致人伤残的技击术，决不允许对运动员健康有害的行为出现。散打竞赛规则严格规定后脑、颈部、裆部为禁击部位，禁止使用反关节动作及肘、膝的技法。

（三）民族性

武术散打的起源与发展，和中华民族悠久历史同步，在中国特定的社会历史背景下逐渐演变发展起来的。它从先辈的生产劳动、生存斗争缘起，演变至今成为中华民族的优秀文化遗产。因此，散打运动具有鲜明的民族特色。

散打的技术运用特点在于“远踢近打贴身摔”，其技击方法的多样化和击打部位的多层次，体现了中国武术的技术整体性运动特点。在比赛形式上，沿用了中国古代民间打擂比武的风俗习惯，这都体现出了武术散打的民族性。它的民族形式不是单一的、固定的，而是具有鲜明的时代性，是不断变化和发展的。

二、散打的作用

（一）健体防身

散打运动是斗智、斗勇、斗技的运动。通过学习和训练，能掌握防身自卫的技能，能够提高人的力量、速度、耐力、灵敏、柔韧等身体素质，提高人体神经系统的灵活性。还可以发展人的心智，使身心得到全面发展，增强人体内脏器官的功能。

散打是对抗性项目，散打运动员要能准确把握进攻、防守与反击的时机，根据对手状况，灵活、机智地应对，这就需要运动员在实践中建立正确的条件反射，提高应变能力，提高击打与抗击打能力，这种能力正是防身自卫、克敌制胜必须具备的。

（二）培养竞争意识

散打是对抗性项目，最终是要一分高低，决出胜负。通过散打训练与比赛，运动员能够积极调整心态，树立胜不骄败不馁的精神，积极面对未来的竞争与较量。竞争意识是当今社会每个人都必须具备的基本素质，散打运动员在训练和比赛中培养起来的竞争意识，在他步入社会后，将会充满信心地勇敢面对各种挑战，在竞争中积极进取。

（三）锻炼意志

散打训练，从基本动作、基本技术、条件实战到全面实战练习的过程，需要运动员克服枯燥、肌肉疼痛、伤病困扰等多种情况，这些对运动员的意志品质是一个考验。意志坚强者会克服困难，勇敢拼搏，直到最后胜利。散打训练能培养运动员勇敢顽强、吃苦耐劳、敢于拼搏等品质。

（四）发展心智

散打不仅需要运动员具备良好的专业水平，还需要具备灵活机智、冷静从容、思维敏捷等素质，这样才能应对对方瞬息万变的挑战，因此它是发展运动员心智的最佳锻炼项目之一。

（五）竞技交流

中国武术徒手搏击历经漫长的发展过程，现如今，有许多国家的武术爱好者不仅喜爱中国武术套路，而且也喜爱中国散打运动。随着散打赛事在国内、国际上的日益增多，加快了各国间的交流，通过与各国选手较技，促进了国际武艺交流，增强了各国运动员之间的了解和友谊。散打对促进国际文化交流起着重要的作用。

（六）竞技观赏

社会文化背景和武术搏击运动自身的特点，决定了散打不仅具有很强的生命力，而且具有较高的观赏价值。从历史上的擂台比武到当今的国内外散打赛事，更多的人对散打有了一定的了解和认识，喜爱、练习、观赏散打的人越来越多。散打比赛是技、智、勇的体现，其刺激的场面，留给观众的是难忘的印象，具有较高的观赏价值。

第四节　散打运动的选材

随着散打技术水平的不断提高，比赛竞争也更加激烈，运动员的科学选材，显得尤为重要。散打训练是在科学选出适合练习的散打项目，拥有身体优越性、先天可塑性的运动员的基础上，通过长期训练，达到不断提高技、战术水平，最终在比赛中创造优异成绩。因此，散打训练不仅要对运动员进行身体训练、技术训练、战术训练、心理训练、智能训练，还要注重运动员的选材，选拔出有发展潜力的运动员。

散打运动员的科学选材，是在充分研究和认识人体生长发育规律及遗传特征的基础上，根据散打项目的特点和要求，综合运用相关学科知识，采用现代科学的方法和手段，通过指标的测试、评价和预测等方法，把先天条件优越、适合从事散打项目、具有发展前途的人才选拔出来进行系统的训练培养，并不断监测其发展过程。散打运动员的选材主要包括年龄、形态、机能、遗传、素质、技能、智能、心理等方面。

散打运动员的选材，既要依据科学的测试结果，又要重视教练员长期积累的选材经验。只有把科学的测试、评价、预测与教练员经验结合起来，才能提高选材的成功率。

科学的选材固然重要，但是选材只能为成才提供可能性，运动员最终还是需要靠科学的训练，才能达到预期目标。

一、科学选材的遗传原理

人类遗传学中的遗传与变异观点已广泛运用到散打运动员科学选材中，运用遗传学的理论方法与手段指导科学选材。

（一）运动能力的遗传现象

经过实践证明，要重视遗传因素的影响，重视亲代的运动经历，对于发现和造就具有天赋运动能力的运动员非常重要。例如，陈镜开、陈满林和陈伟强三位世界纪录创造者就出自举重的陈氏家族。德国学者格拉姆在研究运动能力问题时不仅概括指出，具有卓越运动才能的亲代，只要不是极端的个体，其子代中有50%的人会具有优秀的运动才能，而且提出其子代还有可能超越亲代个体。

（二）运动能力的遗传规律

运动能力的遗传，具有连续性、相关性和阶段性三大遗传特征，以多基因遗传方式为主。

（1）在亲代中，运动能力遗传性状，有50%以上能在子代中表现出来。据遗传学研究发现，人体身高、体重等形态指标受遗传因素影响较大；人体肌肉中，快、慢肌纤维的分布比例是遗传的，是后天无法改变的；气质和个性受遗传因素影响较大等。因此在选材过程中，要重视对家系遗传的连续性特征调查。

（2）人体运动能力水平的高低，受人体形态、神经肌肉类型、心肺功能等因素的影响。它们之间有着密切的关系，相互促进，相互制约。由于运动能力性状遗传存在相关性，因此在选材过程中，要对运动员的才能进行全面综合评价，才能保证选材的质量。

（3）人类运动能力的遗传性状不是人一出生就能表现出来，因为，它虽然受遗传基因控制，但还受遗传性状发展变化的时间规律所制约。遗传不仅在时间上、程度上都有差异，还存在着个体阶段性变化的特点。有些遗传性状可能隔代表现出来，即使是显性遗传（遗传分为显性遗传和隐性遗传），也要生长发育到一定年龄阶段才能表现出来。

由于运动能力性状遗传存在阶段性，因此运动员的选材要在生长发育过程中，通过运动训练，不断发掘、筛选运动天才，尤其是要重视对外界因素最敏感、遗传作用最显著的青春期阶段，这一阶段是发掘和筛选优秀人才的最重要阶段。

（4）运动能力还存在变异性。运动员的父母，有时生出了不具有运动天才的后代，而作为非运动员父母却生出了具有卓越运动天才的后代，如朱建华。这就是运动能力变异的表现。遗传与变异是相互矛盾的统一体。遗传是相对的，而变异是绝对的。由于遗传的作用，人类能保持子代与亲代的相似性，以维持人种的稳定，同样又由于变异的作用，人类才能不断地进化与发展。因此，在选材过程中，既要重视运动能力的遗传，又要考虑到运动能力的变异；不仅要了解亲代运动能力的表现，更要注意观察子代在生长发育过程中，在环境影响和训练作用下运动能力的表现。

二、选材的方法与步骤

（一）选材指标的典型特征

反映一个人潜在运动能力的各种特征，大体可分为两种类型：一是保守性特征和非保守性特征；二是代偿性特征和非代偿性特征。

保守性特征是指受遗传因素影响较大的特征，是那些不属于训练范畴的特征，如身体的各种长度指标、血型、神经类型等。非保守性特征是指后天环境和训练环境下发生变化的特征，如力量素质、速度素质、耐力素质、柔韧素质等。代偿性特征是指那些水平低的特征可以用水平高的特征补偿的一类特征。如有些运动员身材矮小，但可以用速度快、力量大来补偿。在多数情况下，所遇到的都是局部代偿性特征。如当某些素质发展水平低于其他素质时，可以得到其他高水平素质的代偿；但如果过低，就得不到其他高水平素质的代偿。非代偿性特征是指那些不能被其他特征补偿的一类特征。

（二）家系调查

在选材工作中，对被选者的家系进行调查，以提高预测的准确性。调查的内容主要有：

（1）父母、祖父母、外祖父母、兄弟姐妹的形态特征、健康水平、运动能力和兴趣爱好。重点调查遗传性因素较高的特征及运动方面的情况。

（2）重点调查与被选者长相最像的家系成员。

（3）被选者出生史调查。包括孕期母亲的健康状况。

（三）一般体格检查

为进一步了解被选者的身体形态及健康状况，了解有无各类疾病和身体缺陷，必须对被选者进行一般体格检查。检查的主要内容有个人病史，骨骼、肌肉、呼吸、心血管系统的检查，血液、尿常规检查，肝功能检查。

（四）鉴别发育程度与分型

为提高预测的准确性，必须对运动员的发育程度进行科学测试和分析。

用第二性征出现顺序评价发育程度；对青春期发育高潮持续的时间长短进行鉴别与发育分型；拍摄骨龄片，确定发育年龄。

（五）身体机能、形态的测试

身体机能主要是心肺功能所表现出的能力。心肺功能决定运动员能否承受越来越大的训练负荷。测试的主要指标有肺活量、最大摄氧量、呼吸频率、脉搏频率等。

身体形态是机能的基础。测试的主要指标有身高、四肢长度、胸围、颈围、上下肢围、肩宽等。

（六）身体素质测试

良好的身体素质是更快、更好地掌握散打专项技术，以充沛体力完成比赛的关键。测试的主要指标有速度、力量、耐力、柔韧等。

（七）心理因素测试

散打运动的快速发展，使比赛的竞争性加强，运动员的心理素质已成为取得比赛胜利的重要因素之一。测试的主要内容有学习动机、个性心理特点等。

综合以上调查、测试结果，科学评价、预测被选者从事散打运动的潜在能力和未来的发展前途，必须保证调查、测试数据的准确性和可靠性。测试要按照统一制定的标准化和规范化的测试要求、测试方法、测试程序严格实施。只有这样，才能达到选拔高质量人才的目的。

第二章　散打的基本技术

第一节　散打的基本动作和练习

一、实战姿势

散打的实战姿势分为正架（左手、左脚在前）和反架（右手、右脚在前）两种。运动员可以随意选择适合自己的实战姿势作为开始学习散打的固定姿势。本书都以正架示例（见图 2-1、图 2-2）。

图　2-1

图　2-2

身体各部位的动作要领如下：

(一) 步型

两脚开立与肩同宽，平行上左步，前后脚的距离略大于肩宽（见图 2-3）；前脚掌稍内扣，后脚跟抬起，脚掌撑地（见图 2-4）；两腿膝关节微屈，身体重心在两腿之间（见图 2-5）。

图 2-3

图 2-4

图 2-5

（二）躯干

身体侧立，含胸收腹（见图 2-6）。

图 2-6

（三）手臂和头部

（1）两手握拳，要求四指内屈并拢，大拇指横卧于食指和中指的第二节指节上，拳眼朝上（见图 2-7）。

（2）前臂的肘关节夹角在 90°～110°，拳在视线下方，肘下垂。后臂弯曲，拳在颌下，肘关节夹角小于 90°。前、后臂贴近胸肋部（见图 2-8）。

(3) 头稍下低，下颌微收。目平视，与前拳上方在一条水平线上；前肩提耸，合齿闭嘴（见图 2-9、图 2-10）。

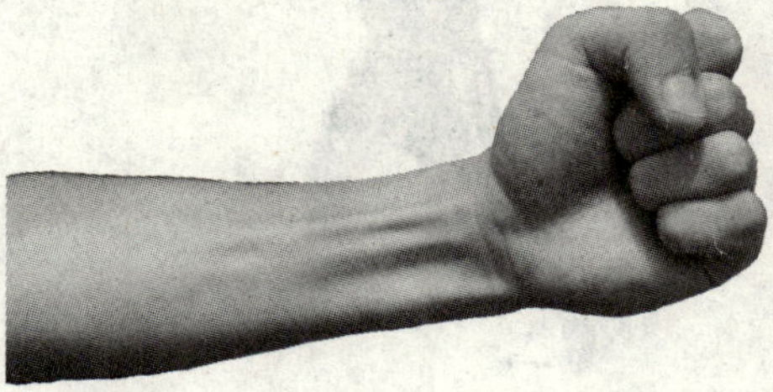

图 2-7

图 2-8

图 2-9

图 2-10

二、步法

(一) 进步

后脚蹬地，前脚向前进半步，然后后脚跟进半步（见图 2-11、图 2-12）。

图 2-11

图 2-12

（二）退步

前脚蹬地，后脚后退半步，然后前脚退回半步（见图 2-13、图 2-14）。

图 2-13

图 2-14

（三）插步

后腿经过前腿向后插一步，脚跟抬起，两脚呈交叉（见图 2-15）。

图　2-15

（四）纵步

1. 单腿纵步

前腿屈膝上提，后腿连续蹬地向前移动（见图 2-16、图 2-17）。

图　2-16

图　2-17

2. 双腿纵步

两脚同时蹬地，身体向上或向前、后、左、右跳跃移动。

（五）前疾步

连续、快速地做进步动作（见图 2-18、图 2-19）。

图 2-18

图 2-19

（六）后疾步

连续、快速地做退步动作（见图 2-20、图 2-21）。

图 2-20

图 2-21

（七）上步

后脚向前迈一步。右脚在前，左脚在后，成反架（见图 2-22、图 2-23）。

图　2－22

图　2－23

（八）撤步

前脚向后退一步。右脚在前，左脚在后，成反架（见图 2－24、图 2－25）。

图　2－24

图　2－25

（九）垫步

后脚跟向前脚内侧跟并拢，同时前腿提起（见图 2－26、图 2－27）。

图 2-26

图 2-27

(十) 滑步

前腿屈膝提起，同时右脚跟内扣脚掌向前擦地滑动（见图 2-28、图2-29）。

图 2-28

图 2-29

(十一) 闪步

左（右）脚向左（右）侧移半步，右（左）脚随之向左（右）滑步，同时身体向右（左）转动大约 90°（见图 2-30）。

图　2－30

（十二）跳换步

左脚和右脚同时离地，并向右转体，落地后成反架（见图 2－31、图 2－32）。

图　2－31

图　2－32

（十三）弹跳步

两脚同时离地，向前、后、左、右跳跃移动（见图 2－33、图 2－34）。

图 2-33

图 2-34

(十四)环绕步

1. *左环绕步*

右脚蹬地，左脚向前上步，以此连续环绕滑动(见图 2-35、图2-36)。

图 2-35

图 2-36

2. *右环绕步*

右脚上步，左脚跟进，以此连续环绕滑动(见图 2-37、图 2-38)。

图　2－37

图　2－38

（十五）侧跨步

左（右）脚向左（右）侧跨半步，右（左）脚略向左（右）脚靠近，两膝弯曲。同时左拳收至左腮旁，右拳向斜下方伸出（见图 2－39）。

图　2－39

三、拳法

（一）冲拳

1. 左冲拳

由实战姿势开始，右脚蹬地，上体微向右转，发力于腰；同时左臂由屈到伸内旋 90°直线向前打出，力达拳面；然后外旋 90°收回原位（见图

2-40、图 2-41、图 2-42)。

图 2-40

图 2-41

图 2-42

2. *右冲拳*

由实战姿势开始，右脚蹬地，上体微向左转，发力于腰；同时右臂由屈到伸内旋 90°直线向前打出，力达拳面；然后外旋 90°收回原位（见图 2-43、图 2-44、图 2-45）。

图 2-43

图 2-44

图 2-45

(二) 掼拳

1. *左掼拳*

由实战姿势开始，上体微向左转，左臂微屈，转腰发力；同时左拳向外、向前、向内半圆形横击，力达拳面，拳心朝下；然后左拳收回原位（见图 2-46、图 2-47、图 2-48）。

图 2-46

图 2-47

图 2-48

2. 右掼拳

由实战姿势开始，上体微左转，右臂微屈，腰胯发力；同时右拳向外、向前、向内半圆形横击，力达拳面，拳心朝下；然后右拳收回原位（见图2-49、图2-50、图2-51）。

图 2-49

图 2-50

图 2-51

（三）抄拳

1. 左平抄

由实战姿势开始，上体微左转，发力于腰；同时左拳向外、向前、向内平面弧形勾击，左肘抬起与肩同高，肘关节夹角为 90°；然后左拳收回原位（见图2-52、图2-53、图2-54）。

图 2-52

图 2-53

图 2-54

2. 右平抄

由实战姿势开始，上体微右转，发力于腰；同时右拳向外、向前、向内平面弧形勾击，右肘抬起与肩同高，肘关节夹角为90°；然后右拳收回原位（见图2-55、图2-56、图2-57）。

图 2-55

图 2-56

图 2-57

3. 左上抄

由实战姿势开始，上体微左转，左拳略向下，左臂弯曲；随之腰向右转，发力于腰；同时左拳由下向上勾击；然后左拳收回原位（见图2-58、图2-59、图2-60）。

图　2－58

图　2－59

图　2－60

4. *右上抄*

由实战姿势开始，右拳略向下，右臂弯曲；随之腰向左转，发力于腰；同时右拳由下向上勾击；然后右拳收回原位（见图 2－61、图2－62、图 2－63）。

图　2－61

图　2－62

图　2－63

5. *左斜抄*

由实战姿势开始，上体微左转，左拳略向下，左臂弯曲；随之腰向右转，发力于腰；同时左拳由下向斜上勾击；然后左拳收回原位（见图2－64、图 2－65、图 2－66）。

图 2-64

图 2-65

图 2-66

6. 右斜抄

由实战姿势开始，右拳略向下，右臂弯曲；随之腰向左转，发力于腰；同时右拳由下向斜上勾击；然后右拳收回原位（见图 2-67、图 2-68、图 2-69）。

图 2-67

图 2-68

图 2-69

(四) 鞭拳

1. 左鞭拳

由实战姿势开始，上体右转，左臂弯曲，发力于腰；同时左拳由右后向外、向前横向鞭打，力达拳轮，拳眼朝上；然后收回原位（见图 2-70、图

2－71、图 2－72)。

图 2－70

图 2－71

图 2－72

2. *右鞭拳*

由实战姿势开始，右脚经左脚向后插步，身体向右后转 180°，右臂弯曲；随之右臂由屈到伸，向外、向前横向鞭打，力达拳轮，拳眼朝上，发力于腰；然后向右转身上左步，右拳收回原位（见图 2－73、图 2－74、图 2－75、图2－76）。

图 2－73

图 2－74

图　2-75

图　2-76

四、腿法

(一) 蹬腿

1. *左蹬腿*

由实战姿势开始，右腿直立或微屈支撑，左腿提膝抬起，勾脚；当膝略高于髋时，以脚跟领先向前蹬出，力达脚跟。也可送髋，脚掌下压，力达脚前掌；然后左脚收回原位（见图 2-77、图 2-78、图 2-79）。

图　2-77

图　2-78

图　2-79

2. 右蹬腿

由实战姿势开始，身体稍左转，左脚跟稍内扣，身体重心前移到左腿，左腿直立或微屈支撑；同时右腿屈膝抬起，勾脚，以脚跟领先向前蹬出，力达脚跟。也可送髋，脚掌下压，力达脚前掌；然后右脚收回原位（见图2-80、图2-81、图2-82）。

图　2-80

图　2-81

图　2-82

（二）踹腿

1. 左踹腿

由实战姿势开始，身体重心移向右腿，右脚跟内扣，右腿直立或微屈支撑；同时左腿屈膝抬起与髋同高，小腿外摆，脚尖勾起，由屈到伸展髋向侧前踹出，力达脚掌；然后左脚收回原位（见图2-83、图2-84、图2-85）。

图　2-83

图　2-84

图　2-85

2. 右踹腿

由实战姿势开始，身体左转，左脚跟内扣，重心移向左腿，左腿直立或微屈支撑；同时右腿屈膝抬起与髋同高，脚尖勾起，由屈到伸展髋向前踹出，力达脚掌；然后右脚收回原位（见图 2－86、图 2－87、图 2－88）。

图 2－86

图 2－87

图 2－88

（三）横踢腿

1. 左横踢腿

由实战姿势开始，上体稍右转并侧倾，右脚跟内扣，重心移向右腿；左膝前领与髋同高，大腿带动小腿，由屈到伸展髋向前横踢，力达脚背；然后左脚收回原位（见图 2－89、图 2－90、图 2－91）。

图 2－89

图 2－90

图 2－91

2. 右横踢腿

由实战姿势开始，身体左转，左脚跟内扣，重心移向左腿；右膝前领与髋同高，大腿带动小腿，由屈到伸展髋向前横踢，力达脚背；然后右脚落地成反架（见图 2-92、图 2-93、图 2-94）。

图　2-92

图　2-93

图　2-94

（四）扫腿

1. 前扫腿

由实战姿势开始，左脚上步，随之重心移向左脚；然后以左脚掌为轴，右腿由屈到伸向前旋转横扫；同时左臀着地，左大、小腿盘起（见图2-95、图 2-96、图 2-97）。

图　2-95

图　2-96

图 2-97

2. *后扫腿*

由实战姿势开始，左腿屈膝全蹲，重心移向左腿；然后以左脚掌为轴，右腿由屈到伸向右后旋转横扫；同时左臀着地，左大、小腿盘起（见图 2-98、图 2-99、图 2-100）。

图 2-98

图 2-99

图 2-100

（五）转身后摆腿

1. *左转身后摆腿*

由实战姿势开始，上右步，重心移向右腿；左腿向左后转体 360°横扫，力达脚掌；然后左脚收回原位（见图 2-101、图 2-102、图 2-103、图 2-104）。

图　2－101

图　2－102

图　2－103

图　2－104

2. *右转身后摆腿*

由实战姿势开始，重心移向左腿；右腿向右后转体 360°横扫，力达脚掌；然后右脚收回原位（见图 2－105、图 2－106、图 2－107）。

图 2-105

图 2-106

图 2-107

（六）侧弹腿

由实战姿势开始，右脚跟内扣，重心移向右腿，右腿直立或微屈支撑；左大腿带动小腿由屈到伸向前鞭打，力达脚背，高不过膝；然后左脚收回原位（见图 2-108、图 2-109、图 2-110）。

图 2-108

图 2-109

图 2-110

（七）勾踢腿

由实战姿势开始，左腿脚跟内扣，膝外展，重心移向左腿，身体左转 180°；同时右大腿带动小腿向前、向左弧线擦地勾踢，力达脚背；然后右脚收回原位（见图 2－111、图 2－112、图 2－113）。

图　2－111

图　2－112

图　2－113

（八）劈腿

1. *左劈腿*

由实战姿势开始，身体重心移向右腿，左腿屈膝抬起送髋，上体保持正直或稍后倾，左脚举过头后快速下压，用脚掌或脚后跟下砸对方头部；然后左脚收回原位（见图 2－114、图 2－115、图 2－116）。

图　2－114

图　2－115

图　2－116

2. *右劈腿*

由实战姿势开始，身体重心移向左腿，右腿屈膝抬起送髋，右脚举过头后快速下压，用脚掌或脚后跟下砸对方头部；然后右脚落地成反架（见图 2－117、图 2－118、图 2－119）。

图 2－117

图 2－118

图 2－119

五、跌法

（一）前滚翻

由站立姿势开始，身体下蹲，双手撑地，重心移至两手上；两脚用力蹬地，同时低头屈臂，团身向前滚动，随之双手抱小腿成蹲立姿势；然后站立（见图 2－120、图 2－121、图 2－122）。

图 2－120

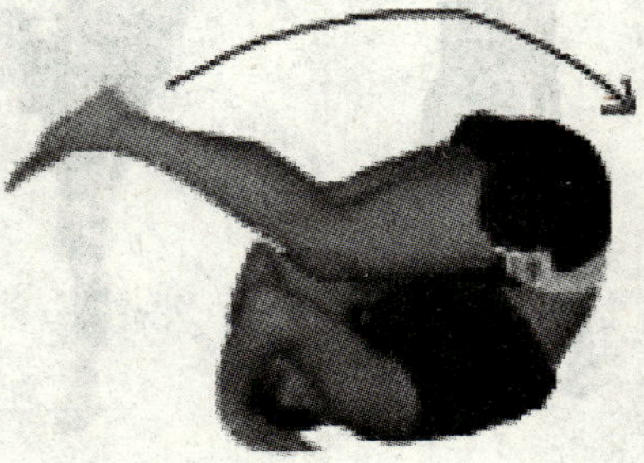
图 2－121

图　2-122

（二）后滚翻

由站立姿势开始，身体下蹲，两臂由上向后摆动，同时身体快速向后倒至双手撑地；团身经臀、腰、肩、后脑依次向后滚动；然后双脚触地，双手推撑站立（见图 2-123、图 2-124、图 2-125）。

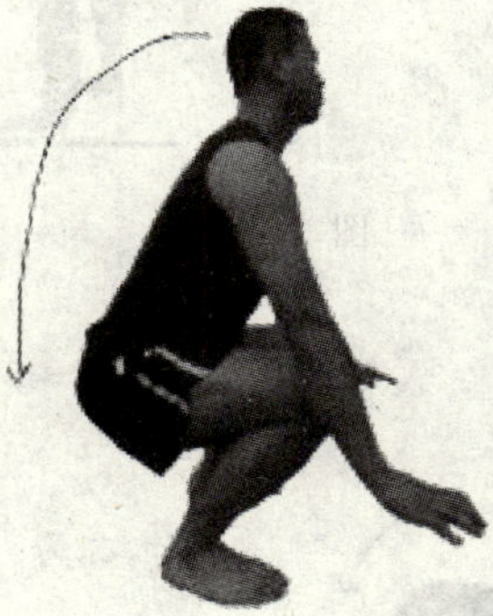

图　2-123

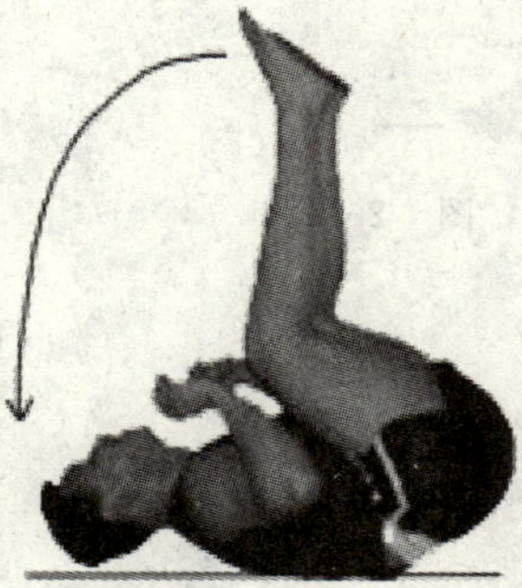

图　2-124

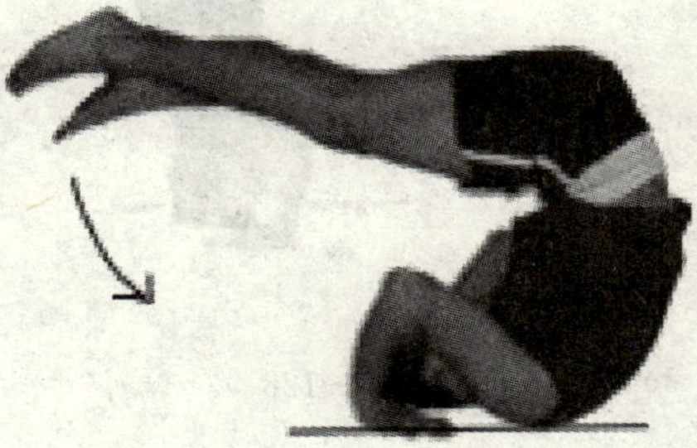

图　2-125

（三）鱼跃前滚翻

由半蹲姿势开始，两脚用力蹬地，同时屏气，两臂向前摆伸，身体腾空；随之两手触地屈臂、低头，身体顺势团身向前滚动；然后蹲立站起（见图 2－126、图 2－127、图 2－128）

图 2－126

图 2－127

图 2－128

（四）鱼跃左滚翻

右脚在前，左脚在后，屈膝站立，两脚蹬地，同时屏气，两臂向前摆伸，身体腾空；随之左臂向右下伸，低头，左肩顺势触地，团身向前滚动，右腿着地的同时右手拍地；然后站立（见图 2－129、图 2－130、图 2－131）。

图　2－129

图　2－130

图　2－131

（五）鱼跃右滚翻

左脚在前，右脚在后，屈膝站立；两脚蹬地，同时屏气，两臂向前摆伸，身体腾空；随之右臂向左下伸，低头，右肩顺势触地，团身向前滚动，左腿着地的同时左手拍地；然后站立（见图 2－132、图 2－133、图 2－134）。

图 2-132

图 2-133

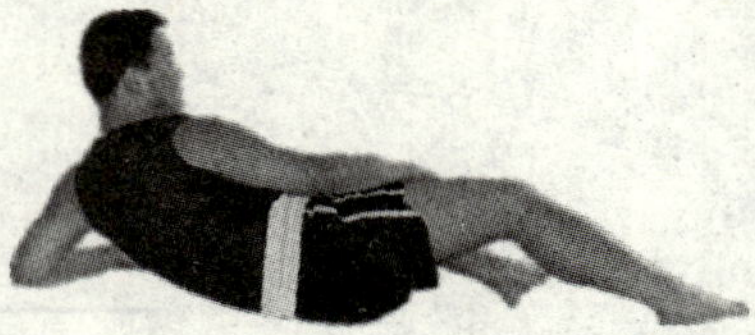

图 2-134

（六）前倒

并步直立，上体前倒；同时屏气，两臂摆伸；然后顺势双手撑地，屈臂缓冲（见图 2-135、图 2-136、图 2-137）。

图 2-135

图 2-136

图　2-137

（七）后倒

两脚分开站立，屈膝下蹲；然后屏气，上体后倒，收下颌，在肩背触地的同时，两手在体侧拍地（见图2-138、图2-139）。

图　2-138

图　2-139

（八）左后倒

两脚分开站立，左脚向右前伸，右膝弯曲；然后屏气，上体向左后倒，小腿、大腿、左臀依次触地，左手在体侧拍地（见图2-140、图2-141）。

图　2-140

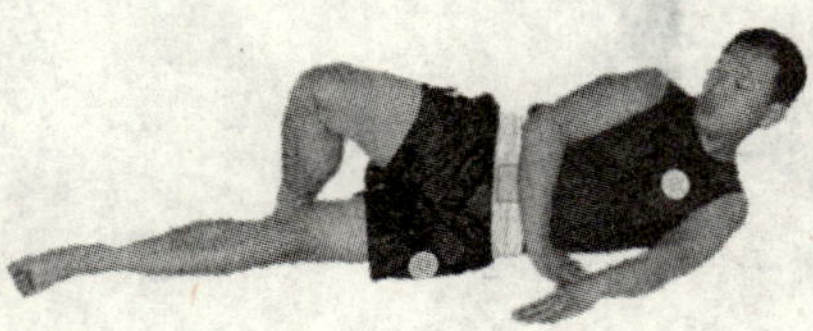

图　2-141

（九）右后倒

两脚分开站立，右脚向左前伸，左膝弯曲；然后屏气，上体向右后倒，小腿、大腿、右臀依次触地，右手在体侧拍地（见图 2－142、图 2－143）。

图 2－142

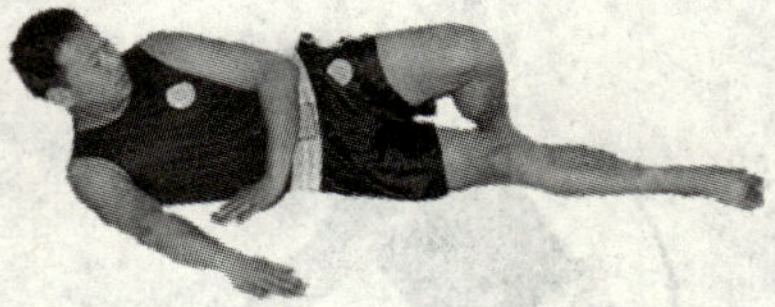

图 2－143

（十）前扑

两脚分开站立，上体前倾；两脚蹬地，双臂向前摆伸，身体腾空；然后两手，两臂及两脚内侧着地（见图 2－144、图 2－145）。

图 2－144

图 2－145

在学习跌法时，一定要有保护垫，做好保护措施，避免受伤，并在教练员的指导、保护下进行练习。跌法训练，不仅能掌握摔倒后的自我保护技巧，还能增强身体的抗击打能力。

六、基本动作练习方法

（一）空击练习（原地、行进间）

空击练习是不采用任何辅助条件而徒手进行的练习。它是个人加强条件反射意识，提高动作速度，形成技术动作动力定型的重要锻炼手段之一。空击练习前，运动员要充分做好准备活动，避免损伤。教练员要认真观察学生的练习情况，发现问题及时纠正。

（二）对镜练习

教练员可根据教学内容的需要，必要时安排运动员对镜练习，这种方法能使运动员检查自己的动作是否正确，也可以将镜中的影像当做对手，培养进攻与反击意识。

（三）信号击点练习

信号击点练习是运动员统一根据教练员指定的动作，按照发出的信号（口令、手势、靶位等）及时作出反应的练习。所练动作以单击为主，可击中目标或保持一定距离。教练员发出信号的速度和变化频率，要根据运动员的实际能力而定，要能保证信号的突然性和真实性。这种练习方法，对提高运动员单个动作的速度、反应速度、时空的把握能力以及对各种信号的判断能力是非常有效的。

（四）配合步法练习

运动员按照教练员指定的拳法、腿法与步法，配合组合动作统一进行练习。该练习使运动员能正确掌握拳法、腿法与步法的配合技巧，提高配合的协调性。同时教练员应认真检查运动员的练习情况，发现问题及时纠正。

（五）打沙包练习

打沙包是散打教学、训练中常采用的练习方法之一。运动员按照教练员的安排踢、打沙包，这种练习能提高运动员拳脚的力量，对于连续进攻频率、组合技术进攻、专项耐力的提高效果显著。

（六）打靶练习（原地、行进间）

打靶练习是散打教学、训练中常用的练习方法之一。运动员在教练员的指导下，借助手靶、腿靶等辅助器材进行练习，以提高运动员技术和战术水平。运动员按照教练员的安排，原地或行进间（向前或向后移动）踢、打另一方的手靶或腿靶，体会击打实物的感觉。要求示靶一方在距离、节奏、角度等方面灵活多变，打靶一方掌握好进攻和反击的时机，提高击打目标的准确性、距离感及反应能力。合理运用动作方法，提高应变能力与战术水平，这样才能为实战打下良好的基础。

第二节　散打的基本摔法和练习

一、摔法动作

散打的摔法动作可分为两类：贴身摔、接腿摔。以下按照分类，介绍基本的摔法动作。

（一）贴身摔

1. 抱腿前顶摔

双方由实战姿势开始，一方右脚蹬地，身体下潜上左步，两手抱住对方双腿膝窝；同时左肩前顶、屈肘，两手用力回拉将对方摔倒；然后回原位（见图 2－146、图 2－147、图 2－148）。

图　2－146

图　2－147

图　2－148

2．抱腿过胸摔

双方由实战姿势开始，一方右脚蹬地，身体下潜上左步，两手抱住对方的双腿膝窝；接着右脚跟进半步，两腿蹬伸，挺身将对方抱起，再后倒、弓腰、仰头，将对方摔倒；然后回原位（见图 2－149、图 2－150、图 2－151、图 2－152、图 2－153）。

图　2－149

图　2－150

图　2－151

图　2－152

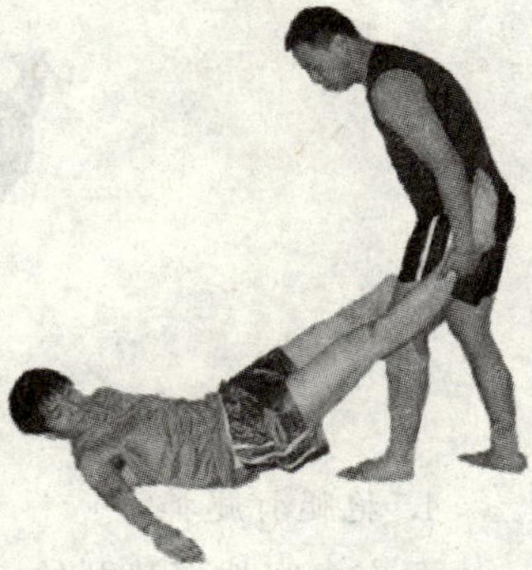

图　2－153

3. 抱腿别腿摔

双方由实战姿势开始，一方右脚蹬地，身体下潜上左步，左手抄抱对方前大腿，右手抄抱其小腿于胸前；接着右脚跟进半步，左脚插别在对方的支撑腿后面，上体后转用胸部下压对方前腿，将对方摔倒；然后回原位（见图 2-154、图 2-155、图 2-156）。

图 2-154

图 2-155

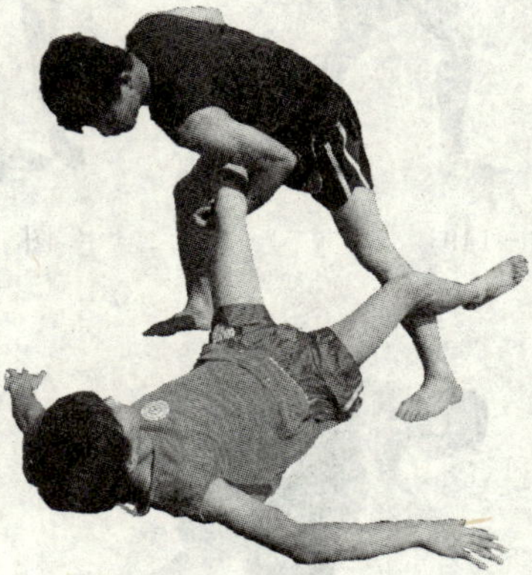

图 2-156

4. 抱腿打腿摔

双方由实战姿势开始，一方右脚蹬地，身体下潜上左步，左手抄抱对方的前大腿，右手抄抱其前腿于胸前；接着右脚跟进半步，左腿摆至对方左腿膝窝处，用小腿后部打对方支撑腿，同时上体右转，将对方摔倒；然后回原位（见图 2－157、图 2－158、图 2－159、图 2－160）。

图　2－157

图　2－158

图　2－159

图　2－160

5. 旋压摔

双方由实战姿势开始，一方右脚蹬地，身体下潜上左步；左手抄抱对方前大腿，右手抓住对方前脚外踝处；接着以左脚掌为轴，身体向右后方旋转，同时右手上提，左肩下压，将对方摔倒；然后回原位（见图 2－161、

图 2-162、图 2-163)。

图 2-161

图 2-162

图 2-163

6. 夹颈过背摔

双方由实战姿势开始，一方上左步，同时左臂从对方右肩上穿过，屈肘夹住其颈部，右手抓住对方左前臂；接着身体右转，右腿跟进半步，臀部抵住对方小腹；再两腿蹬伸、向下弓腰、头右转，将对方摔倒；然后回原位(见图 2-164、图 2-165、图 2-166、图 2-167)。

图　2-164

图　2-165

图　2-166

图　2-167

7. 夹颈打腿摔

双方由实战姿势开始，一方上左步，并向右转体，左臂从对方右肩上穿过，屈肘夹住其颈部，右手抓对方左前臂；接着右脚向后插半步与左脚平行，臀部抵住对方小腹，身体右转，同时用左小腿向后横打对方小腿外侧，将对方挑起摔倒；然后回原位（见图 2-168、图 2-169、图 2-170）。

图 2-168

图 2-169

图 2-170

8. 插肩过背摔

双方由实战姿势开始，一方上左步，同时左手插入对方右臂腋下，右手抓住对方的左前臂；接着身体右转，左脚跟进半步，臀部抵在对方小腹；再两腿蹬伸、弓腰、头右转，左上臂插抱对方右腋下，将对方摔倒；然后回原位（见图2-171、图2-172、图2-173、图2-174）。

图　2－171

图　2－172

图　2－173

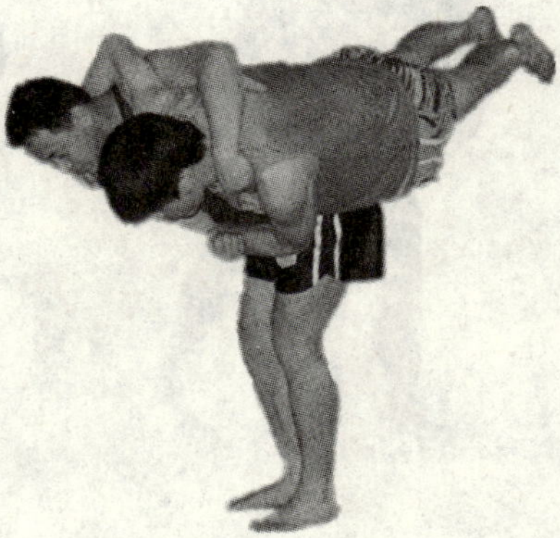

图　2－174

9. 抱腰过背摔

双方由实战姿势开始，一方上左步，同时左臂从对方右臂下穿过，左手抱住对方后腰，右手抓住对方左前臂；接着身体右转，右脚跟进半步，臀部抵住对方小腹；再两腿蹬伸、向下弓腰、头右转，将对方摔倒；然后回原位（见图 2－175、图 2－176、图 2－177、图 2－178）。

图 2-175

图 2-176

图 2-177

图 2-178

(二) 接腿摔

1. 抱腿涮

双方由实战姿势开始，当对方用前正蹬腿或前踹腿进攻时，用前臂抄其小腿并用手抓其脚踝，同时用手抓其脚背；接着两腿屈膝，退步回拉，随即跨左步，上右步，双手由内向左上方划弧，将对方摔倒（见图 2-179、图 2-180、图 2-181、图 2-182）。

图　2－179

图　2－180

图　2－181

图　2－182

2. 抱腿甩

双方由实战姿势开始，当对方用前正蹬腿或前踹腿进攻时，用前臂抄其小腿并手抓脚踝，后手抓其脚背；接着退步下拉、弓腰、压膝，将对方摔倒（见图 2－183、图 2－184、图 2－185、图 2－186）。

图 2-183

图 2-184

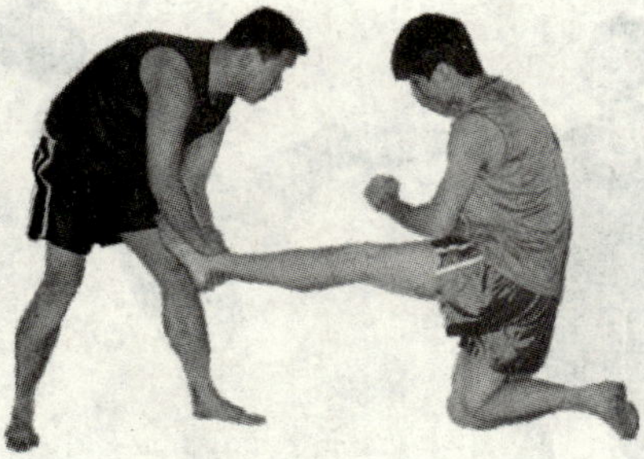

图 2-185

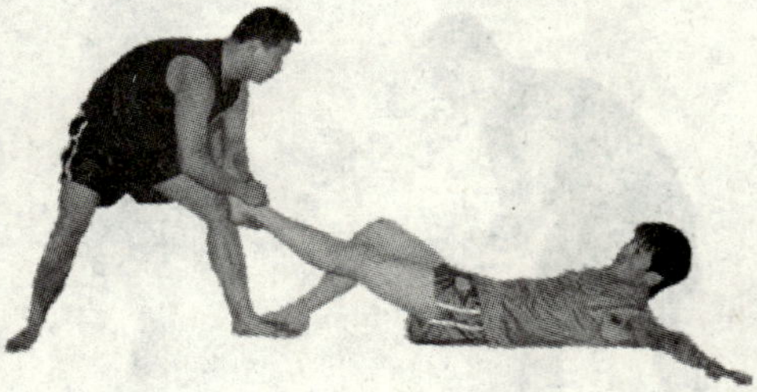

图 2-186

当对方使用后正蹬腿或后踹腿进攻时，也可以使用以上两种方法，只是抱腿用力的方向相反。

3. 抱腿上托摔

双方由实战姿势开始，当对方用前正蹬腿或前踹腿进攻时，用前手抓对方脚踝，同时后手抓其脚背；接着双手向前上方推送，将对方摔倒（见图 2-187、图 2-188、图 2-189、图 2-190）。

当对方使用后正蹬腿或后踹腿进攻时，也可以使用此方法，只是抱腿用力的方向相反。

图　2-187

图　2-188

图　2-189

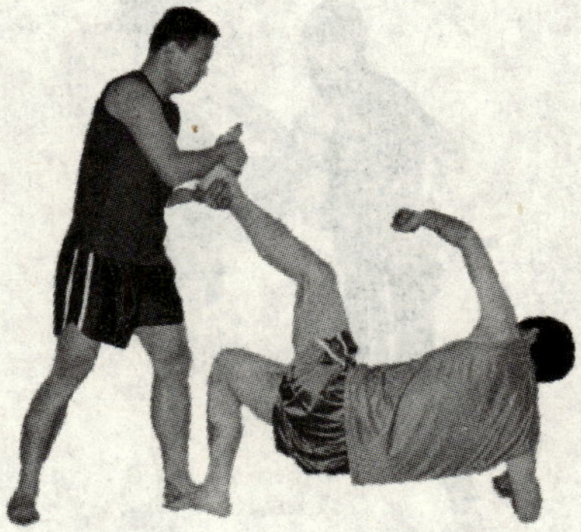

图　2-190

4. 抱腿勾踢摔

双方由实战姿势开始，当对方用前正蹬腿或前踹腿进攻时，用前臂抄其小腿并手抓脚踝，同时后手抓其脚背；接着双手回拉，同时右手松开抄对方前腿膝窝，再用右脚勾踢对方支撑腿脚跟，上体右转，将对方摔倒（见图2-191、图2-192、图2-193、图2-194）。

当对方使用后正蹬腿或后踹腿进攻时，也可以使用此方法，只是用力的方向相反。

图　2-191

图　2-192

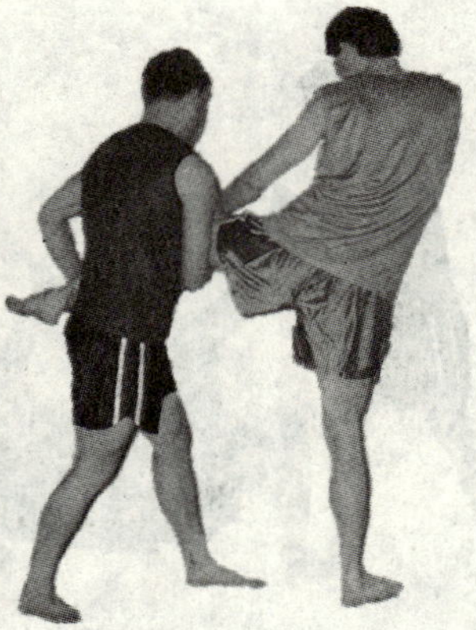

图　2-193

图　2-194

5. 抄腿勾踢摔

双方由实战姿势开始，当对方用后横踢腿进攻时，进一步用右手臂抄其膝窝，左手搂抱其小腿；接着用右手压对方颈部，右脚勾踢对方支撑腿脚踝；再上体右转，右手回拉，将对方摔倒（如图 2-195、图 2-196、图 2-197）。

当对方使用前横踢腿进攻时，也可以使用此方法，只是用力的方向相反。

图　2-195

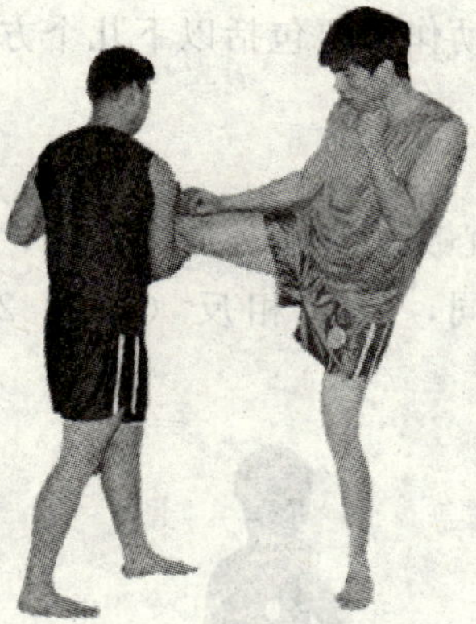

图　2-196

图　2-197

二、摔法练习

(一) 徒手练习

运动员按照教练员的安排进行练习，掌握动作要领。教练员要认真观察学生练习，发现问题及时解决。练习可在原地或行进间定时、定量进行。

(二) 摔沙人

运动员按照教练员的安排利用沙人进行练习，该项练习主要是为了提高运动员动作发力的速度和强度。练习可在原地或行进间定时、定量进行。

(三)“喂引”练习

教练员安排一运动员按指定的某一拳法或腿法进攻，另一方按指定的摔法动作或自选的摔法动作原地或进行间进行练习，控制练习时间和运动量。该练习主要使运动员掌握动作发力的要领。要求“喂引”的运动员协调配合，当重心被破坏后顺势倒下，同时跌法动作也能得到练习。

第三节　散打的防守技术和练习

一、防守动作

防守是使用动作破坏对方进攻的手段。运动员根据对手复杂多变的具体情况，采用相应的动作进行防守。防守动作主要包括以下几个方面。

(一) 拍挡

由实战姿势开始，左手以拳心或掌心为力点由外向内横击，同时上体微右转；然后收回原位。右手方法相同，方向相反（见图 2－198、图 2－199）。

图　2－198

图　2－199

例：当对方使用后踹腿进攻时，以左拍挡防守（见图 2－200）。

图　2－200

用法：防守对方直线拳法或横向腿法对上盘的进攻。如：当对方使用后冲拳或后正蹬腿、后踹腿、后横踢腿向我方胸上部进攻时，采用左拍挡防守；当对方使用前冲拳或前正蹬腿、前踹腿、前横踢腿向我方胸上部进攻时，采用右拍挡防守。

要求：拍挡幅度不宜大，只动前臂，发力短促。

（二）挂挡

由实战姿势开始，右手屈臂上提护于右耳郭，肘尖向前，同时上体微右转；然后收回原位。左手方法相同，方向相反（见图 2－201、图 2－202）。

图　2－201

图　2－202

例：当对方使用后掼拳进攻时，以左挂挡防守（见图 2－203）。

图　2－203

用法：防守对方横向拳法或腿法对上盘的进攻。如：当对方使用后掼拳或后横踢腿进攻我方头部左侧时，采用左挂挡防守；当对方使用前惯拳或前横踢腿进攻我方头部右侧时，采用右挂挡防守。

要求：侧身、含胸，挂挡臂靠近头侧。

（三）拍压

由实战姿势开始，左手变掌以掌心或掌跟为力点由上向下在腹前拍击，同时上体微右转；然后收回原位。右手方法相同，方向相反（见图 2－204、图 2－205）。

图　2－204

图　2－205

例：当对方使用后正蹬腿进攻时，以左拍压防守（见图 2－206）。

图　2－206

用法：防守对方正面的拳法或腿法对中盘的进攻。如：当对方使用后冲拳或后正蹬腿、后踹腿进攻我方腹部时，采用左拍压防守；当对方使用前冲拳或前正蹬腿、前踹腿进攻我方腹部时，采用右拍压防守。

要求：发力时掌跟和手腕要保持紧张。

(四) 内抄

由实战姿势开始，上体微右转，同时左手臂微屈外旋并由上向外、向内划弧；右手屈臂立掌于胸前，掌心向外，与左手动作同时开始和结束；然后收回原位。右手方法相同，方向相反（见图 2－207、图 2－208）。

图　2－207

图　2－208

例：当对方使用前横踢腿进攻时，以左内抄防守（见图 2－209）。

图　2－209

用法：防守对方腿法对中、上盘的进攻。如：当对方使用前横踢腿或前踹腿进攻我方腹部时，采用左内抄防守；当对方使用后横踢腿或后踹腿进攻我方腹部时，采用右内抄防守。

要求：抱腿时，两手要相合锁扣。

（五）外抄

由实战姿势开始，上体微左转，同时左手臂屈臂外旋并由上向下、向外划弧；右手屈臂立掌于胸前，掌心向外，与左手动作同时开始和结束；然后收回原位。右手方法相同，方向相反（见图 2－210、图 2－211）。

图　2－210

图　2－211

例：当对方使用后横踢腿进攻时，以左外抄防守（见图 2－212）。

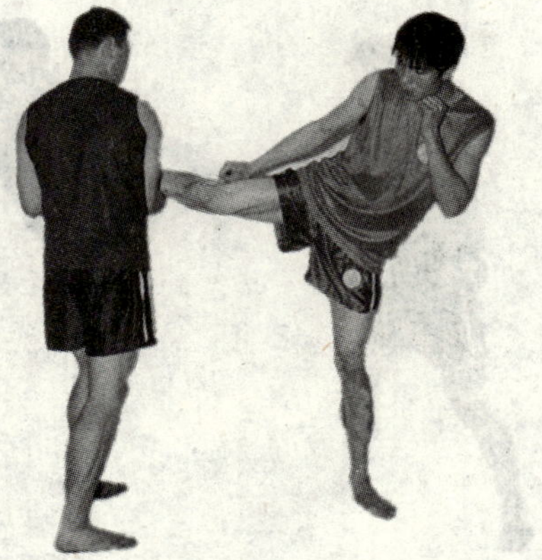

图　2－212

用法：防守对方横向腿法对中、上盘的进攻。如：当对方使用后横踢腿或左转身后摆腿进攻我方胸上部时，采用左外抄防守；当对方使用前横踢腿或右转身后摆腿进攻我方胸上部时，采用右外抄防守。

要求：抱腿时，两手要相合锁扣。

（六）掩肘

由实战姿势开始，左臂回收并外旋，上臂贴近左肋，同时上体微右转，收腹、含胸；然后收回原位。右手的方法相同，方向相反（见图 2－213、图 2－214）。

图　2－213

图　2－214

例：当对方使用后横踢腿进攻时，以左掩肘防守（见图 2－215）。

图 2－215

用法：防守对方由下向上的拳法或腿法对下、中盘的进攻。如：当对方使用后抄拳或后横踢腿进攻我方腹部时，采用左掩肘防守；当对方使用前抄拳或前横踢腿进攻我方腹部时，采用右掩肘防守。

要求：含胸，上体缩紧，两手护胸、腹。

（七）内挂

由实战姿势开始，上体微右转，同时左手由上向下、向内挂防；然后收回原位。右手方法相同，方向相反（见图 2－216、图 2－217）。

图 2－216

图 2－217

例：当对方使用后踹腿进攻时，以左内挂防守（见图 2－218）。

图　2－218

用法：防守对方腿法对中盘的进攻。如：当对方使用后正蹬腿或后踹腿进攻我方腹部时，采用左内挂防守；当对方使用前正蹬腿或前踹腿进攻我方腹部时，采用右内挂防守。

要求：内挂臂尽可能内旋，内挂幅度不宜大。

（八）外挂

由实战姿势开始，上体微右转，同时左手由上向下、向外挂防；然后收回原位。右手方法相同，方向相反（见图 2－219、图 2－220）。

图　2－219

图　2－220

例：当对方使用后正蹬腿进攻时，以左外挂防守（见图 2－221）。

图 2-221

用法：防守对方蹬腿、踹腿或横踢腿对中盘的进攻。如：当对方使用后正蹬腿、后踹腿或后横踢腿进攻我方腹部时，采用左外挂防守；当对方使用前正蹬腿、前踹腿或前横踢腿进攻我方腹部时，采用右外挂防守。

要求：外挂臂肘关节微屈，不宜伸直。

（九）提膝

由实战姿势开始，重心移至右腿，同时左腿屈膝提起，右腿微屈支撑；然后收回原位（见图 2-222、图 2-223）。

图 2-222

图 2-223

例：当对方使用后横踢腿进攻时，提膝防守（见图 2-224）。

图　2－224

用法：防守对方正面或横向腿法对下盘的进攻。如：当对方使用前、后横踢腿或侧弹腿进攻我方下盘时，可采用提膝防守。

要求：重心转移及时，提膝要迅速。

（十）下潜摇身

由实战姿势开始，两腿屈膝，沉胯，重心下降；同时上体由上向内、向下、向外躲闪；然后收回原位。向右下潜摇身，方法相同，方向相反（见图2－225、图2－226）。

图　2－225

图　2－226

用法：防守对方横向拳法或横向腿法对头部的进攻。如：当对方使用后摆拳进攻我方头部时，采用左下潜摇身防守；当对方使用前摆拳进攻我方头部时，采用右下潜摇身防守。

要求：降重心，缩颈部，目视对手。

（十一）撤步

由实战姿势开始，左脚由前向后退一步，同时身体向左转 180°；然后收回原位（见图 2－227、图 2－228）。

图 2－227

图 2－228

例：当对方使用前蹬腿进攻时，撤步防守（见图 2－229）。

图 2－229

用法：防守对方任何拳法、腿法对任何部位的进攻。

要求：后退一大步，撤步要及时。

二、防守练习

（一）信号练习

运动员先按照教练员指定的防守动作听口令进行练习，掌握动作要领。然后运动员根据教练员发出的术语或手势做出相应的防守动作。该项练习要求反应速度快，动作运用正确。

（二）"喂引"练习

运动员首先根据教练员做出的拳、腿进攻动作，做非接触性的防守动作反应练习，要求运动员具有实战意识。然后教练员将体重相近的运动员配对，让一方按指定动作进攻，另一方练习接触性防守动作，由简到繁，循序渐进。通过练习，运动员在条件实战中能灵活、准确运用防守技术。

（三）"三靠臂"练习

双方相对开步站立，约一步距离，两手握拳。双方同时向左转体，带动右臂向前摆，相磕于腹前；接着双方同时屈右臂外旋，从下向上，相磕于胸前；然后双方同时伸右臂内旋，从上向下，相磕于腹前。左臂练习动作方法相同。左右臂交替练习。此练习能增强小臂的格挡和抗击打能力（见图2-230、图2-231、图2-232、图2-233）。

图　2-230

图　2-231

图 2-232

图 2-233

第四节 散打的进攻技术和练习

一、进攻动作

进攻是使用技法打击对方的手段。运动员根据对手复杂多变的具体情况，采用相应的进攻动作。进攻动作主要包括以下几个方面。

（一）拳拳组合

1. 左冲拳-右冲拳

双方由实战姿势开始，一方疾步用左冲拳击打对方面部，然后再用右冲拳击打对方面部（见图 2-234、图 2-235、图 2-236）。

图 2-234

图 2-235

图　2-236

要求：两拳交替要快速、协调。主要以右冲拳重击对方。

2. *左冲拳-右掼拳*

双方由实战姿势开始，一方疾步用左冲拳击打对方面部，然后再用右掼拳击打对方头部（见图 2-237、图 2-238、图 2-239)。

图　2-237

图　2-238

图　2-239

要求：出拳要快。主要以右掼拳重击对方。

(二) 腿腿组合

1. 左正蹬腿-右正蹬腿

双方由实战姿势开始，一方垫步用左正蹬腿踢击对方腹部；然后左脚落地，用右正蹬腿踢击对方胸部、头部（见图 2 - 240、图 2 - 241、图 2 - 242）。

图 2 - 240

图 2 - 241

图 2 - 242

要求：左正蹬腿完成后，身体重心迅速向左腿转移，以便右正蹬腿进攻。主要以右正蹬腿重击对方。

2. 左踹腿-右踹腿

双方由实战姿势开始，一方滑步用左踹腿踢击对方腹部；然后左脚落地，用右踹腿踢击对方的胸部、头部（见图 2－243、图 2－244、图 2－245）。

图　2－243

图　2－244

图　2－245

要求：左踹腿完成后，身体重心迅速向左腿转移，以便右踹腿进攻。

3. 左踹腿-右正蹬腿

双方由实战姿势开始，一方垫步用左踹腿踢击对方腹部；然后左脚落地，用右正蹬腿踢击对方的胸部、头部（见图 2－246、图 2－247、图 2－248）。

图 2－246

图 2－247

图 2－248

要求：左踹腿完成后，身体重心迅速向左腿转移，以便右正蹬腿进攻。

4. *左正蹬腿-右横踢腿*

双方由实战姿势开始，一方垫步用左正蹬腿踢击对方腹部；然后左脚落地，用右横踢腿踢击对方胸部、腹部（见图 2－249、图 2－250、图 2－251）。

图　2－249

图　2－250

图　2－251

要求：左正蹬腿完成后，身体重心迅速向左腿转移，以便右横踢腿进攻。

（三）拳腿组合

1. 左冲拳-右正蹬腿

双方由实战姿势开始，一方疾步用左冲拳击打对方面部；然后用右正蹬腿踢击对方胸部、头部（见图 2－252、图 2－253、图 2－254）。

要求：出腿快速、有力。拳、腿衔接要协调。

图 2-252

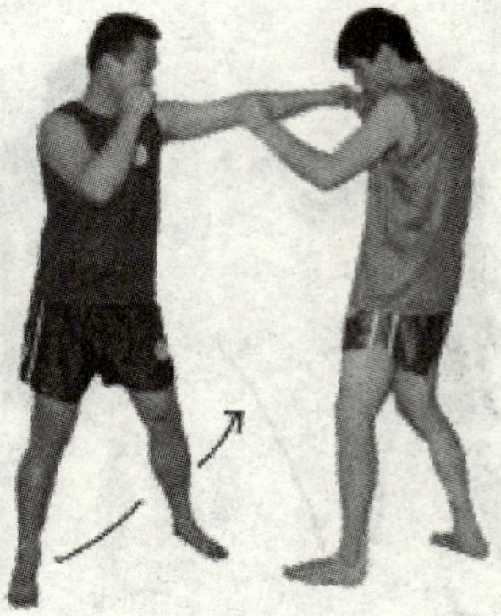

图 2-253

图 2-254

2. 右冲拳-右踹腿

双方由实战姿势开始，一方疾步用右冲拳击打对方面部；然后再用右踹腿踢击对方腹部（见图 2-255、图 2-256、图 2-257）。

图 2-255

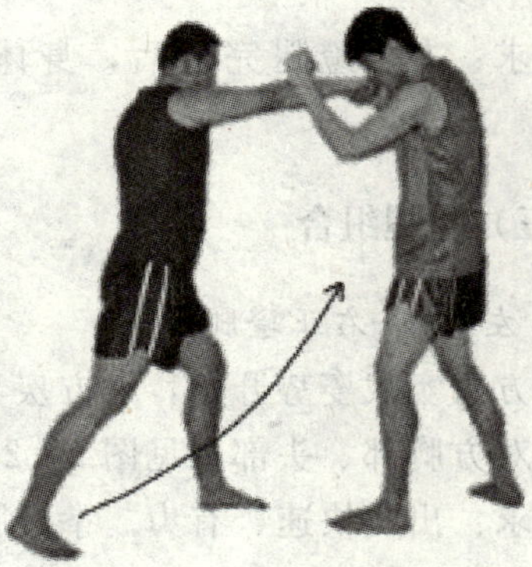

图 2-256

图 2-257

要求：出拳要快，踹腿有力，拳、腿衔接要协调。

3. *右掼拳-右勾踢*

双方由实战姿势开始，一方疾步用右掼拳击打对方头部；然后向左进步，右腿勾击对方前小腿（见图 2-258、图 2-259、图 2-260）。

图 2-258

图 2-259

图 2-260

要求：向左进步要快，右腿勾击快速、有力。

4. *左冲拳-左踹腿*

双方由实战姿势开始，一方疾步用左冲拳击打对方面部；然后垫步用左踹腿踢击对方腹部（见图 2－261、图 2－262、图 2－263）。

图 2－261

图 2－262

图 2－263

要求：拳打是虚，腿踹是实。出拳要快，拳、腿衔接要协调。

5. *左冲拳-右踹腿*

双方由实战姿势开始，一方疾步用左冲拳击打对方面部；然后再用右踹腿踢击对方腹部（见图 2－264、图 2－265、图 2－266）。

要求：出拳要快，拳、腿衔接要协调。根据情况，右踹腿可向前或向身体右侧踹击。

图 2-264

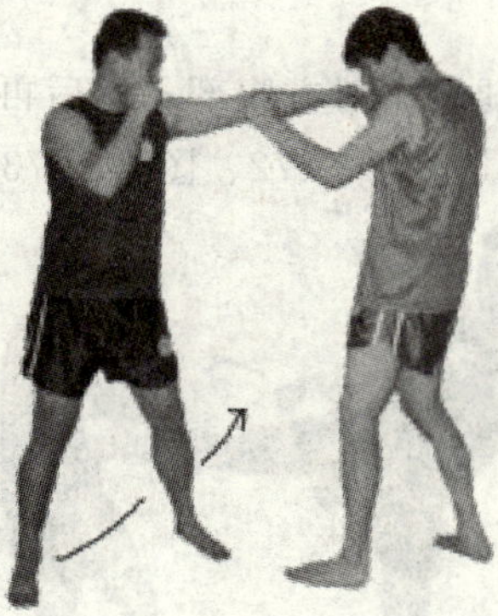

图 2-265

图 2-266

6. *左冲拳-右横踢腿*

双方由实战姿势开始，一方疾步用左冲拳击打对方面部；然后用右横踢腿踢击对方胸腹部（见图 2-267、图 2-268、图 2-269）。

图 2-267

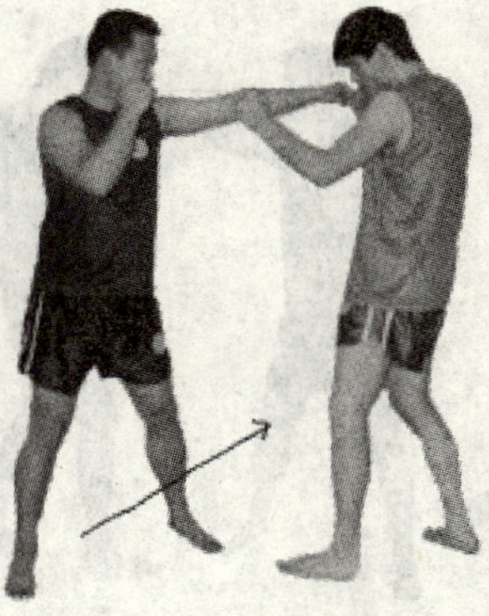

图 2-268

图 2-269

要求：出拳要快，拳、腿衔接要协调。

7. *左踹腿-左右冲拳*

双方由实战姿势开始，一方垫步用左踹腿踢击对方腹部；然后再用左右冲拳连击对方面部（见图 2-270、图 2-271、图 2-272、图 2-273）。

图 2-270

图 2-271

图 2-272

图 2-273

要求：出腿要快。落脚的同时冲拳。

8. *左踹腿-左右冲拳-右正蹬腿*

双方由实战姿势开始，一方垫步用左踹腿踢击对方腹部；接着用左右冲拳连击对方面部；最后用右正蹬腿踢击对方胸部、头部（见图 2-274、图 2-275、图 2-276、图 2-277、图 2-278）。

要求：出腿要快。左右冲拳主要起到逼压的作用，以便右正蹬腿进攻。

图　2-274

图　2-275

图　2-276

图 2-277

图 2-278

9. 左踹腿-左冲拳-右横踢腿

双方由实战姿势开始，一方垫步用左踹腿踢击对方腹部；接着用左冲拳击打对方面部；最后用右横踢腿踢击对方腹部（见图 2－279、图 2－280、图 2－281、图 2－282）。

图 2-279

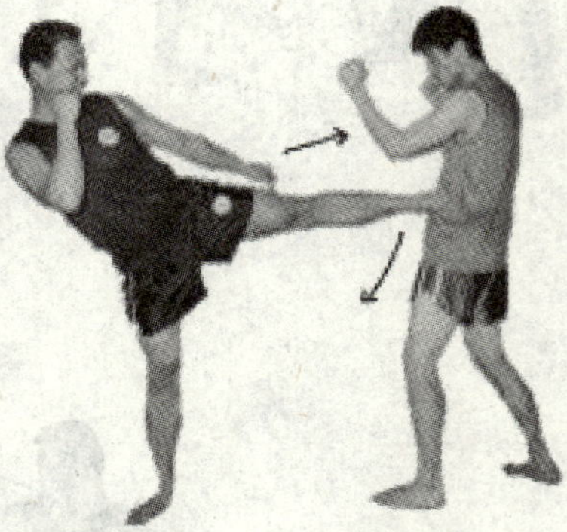

图 2-280

图 2-281

图 2-282

要求：出腿要快速。落脚的同时冲拳。左冲拳主要是为右横踢腿进攻作掩护。

10. *左踹腿-右冲拳-左踹腿*

双方由实战姿势开始，一方滑步用左踹腿踢击对方腹部；接着用右冲拳击打对方面部；最后用左踹腿踢击对方的胸部、头部（见图 2-283、图 2-284、图 2-285、图 2-286）。

图　2-283

图　2-284

图　2-285

图　2-286

要求：出腿要快，右冲拳要准确、快速、有力。出拳后重心向右腿迅速转移，以便左踹腿进攻。

11. 左侧弹腿-左右冲拳-左踹腿

双方由实战姿势开始，一方垫步用左侧弹腿踢击对方腿部；接着用左右冲拳连击对方面部；最后垫步用左踹腿踢击对方胸部、头部（见图 2－287、图 2－288、图 2－289、图 2－290、图 2－291）。

图　2－287

图　2－288

图　2－289

图　2－290

图　2－291

要求：重点发挥左踹腿攻击对方的作用，左踹腿一定要快速、有力。

12. *左侧弹腿-左冲拳-右横踢腿*

双方由实战姿势开始，一方垫步用左侧弹腿踢击对方腿部；接着用左冲拳击打对方面部；最后用右横踢腿踢击对方腹部（见图 2－292、图 2－293、图 2－294、图 2－295）。

图　2－292

图　2－293

图　2－294

图　2－295

要求：冲拳的同时，重心要迅速转移到左腿，以便右横踢腿进攻。

13. *左侧弹腿-右掼拳-右踹腿*

双方由实战姿势开始，一方滑步用左侧弹腿踢击对方腿部；接着用右掼拳击打对方头部；最后用右踹腿踢击对方胸部、头部（见图 2－296、图

2－297、图 2－298、图 2－299）。

图 2－296

图 2－297

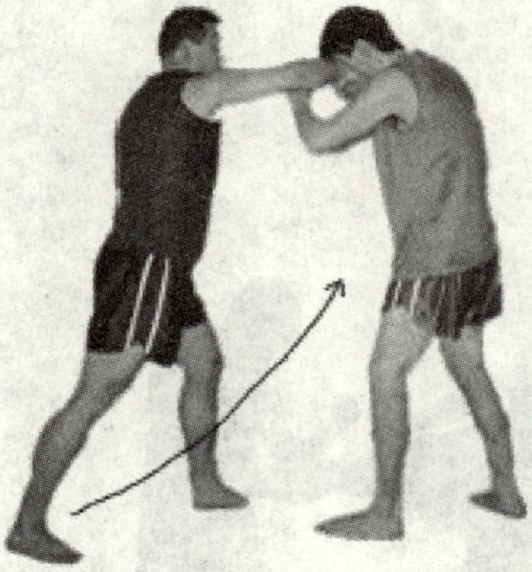

图 2－298

图 2－299

要求：出右掼拳的同时，重心要落在左腿上。右踹腿可向前或向体右侧进攻。

14. *左侧弹腿-右冲拳-左踹腿*

双方由实战姿势开始，一方滑步用左侧弹腿踢击对方腿部；接着用右冲拳击打对方面部；然后用左踹腿踢击对方胸部、头部（见图 2－300、图 2－301、图 2－302、图 2－303）。

图　2-300

图　2-301

图　2-302

图　2-303

要求：出右冲拳后，重心从左腿转移到右腿的衔接要快，以便能迅速完成左踹腿的进攻动作。

（四）拳摔组合

1. 左冲拳-抱腰过背摔

双方由实战姿势开始，一方疾步用左冲拳击打对方面部；接着上右步抡左臂抄抱对方腰部，用抱腰过背摔法将对方摔倒（见图 2-304、图 2-305、图 2-306、图 2-307）。

图 2-304

图 2-305

图 2-306

图 2-307

要求：疾步要快，步伐要大，上右步的同时抡臂。

2. 左冲拳-抱腿前顶摔

双方由实战姿势开始；一方疾步用左冲拳击打对方面部；然后进步抱住对方双腿，用抱腿前顶摔法将对方摔倒（见图 2-308、图 2-309、图 2-310、图 2-311）。

图　2-308

图　2-309

图　2-310

图　2-311

要求：出拳要快。抱腿时，身体下潜要迅速。

3. *左右冲拳-旋压摔*

双方由实战姿势开始，一方疾步用左右冲拳击打对方面部；然后进步左手抄抱对方前大腿，右手抓住对方前脚外踝处，以旋压摔法将对方摔倒（见图 2-312、图 2-313、图 2-314、图 2-315、图 2-316）。

图 2-312

图 2-313

图 2-314

图 2-315

图 2-316

要求：出拳快速，进步抱腿时，身体下潜要迅速。

（五）假动作的运用

1. *左晃-右冲拳*

双方由实战姿势开始，一方进步用左冲拳虚晃击打对方面部；然后疾步用右冲拳击打对方腹部（见图 2－317、图 2－318、图 2－319）。

图 2－317

图 2－318

图 2－319

要求：虚晃击打动作要逼真，疾步要快，步伐要大，右冲拳要有力。

2. 左晃-左正蹬腿

双方由实战姿势开始，一方进步用左冲拳虚晃击打对方面部；然后滑步用左正蹬腿踢击对方腹部（见图 2－320、图 2－321、图 2－322）。

图 2－320

图 2－321

图 2－322

要求：虚晃要逼真，正蹬腿要快速、有力。

3. 左晃-右鞭拳

双方由实战姿势开始，一方进步用左冲拳虚晃击打对方面部；然后插步转身用右鞭拳击打对方头、面部（见图 2－323、图 2－324、图 2－325）。

图 2-323

图 2-324

图 2-325

要求：尽量迫使对方向体左侧移动，以便在左晃完成后用右鞭拳进攻。鞭拳要快速、有力。

4. 左晃-左踹腿

双方由实战姿势开始，一方滑步用左侧弹腿虚晃击打对方腿部；然后垫步用左踹腿踢击对方胸部、头部（见图 2-326、图 2-327、图 2-328）。

图 2-326

图 2-327

图 2-328

要求：左晃与踹腿动作衔接要连贯、协调，出腿快速、有力。

5. *左晃-右勾踢*

双方由实战姿势开始，一方进步用左冲拳虚晃击打对方面部；然后向左进步，右腿勾击对方前小腿（见图 2-329、图 2-330、图 2-331）。

图　2-329

图　2-330

图　2-331

要求：向左进步要迅速，右腿勾击要快速、有力。

6. *右晃-右转身后摆腿*

双方由实战姿势开始，一方进步，右腿提膝欲用横踢腿进攻；然后右转身用后摆腿攻击对方（见图 2-332、图 2-333、图 2-334）。

图 2-332

图 2-333

图 2-334

要求：晃动要逼真，晃动时重心落在前腿，以便能迅速完成转身后摆腿的进攻动作。

以上进攻动作中，以左晃或右晃接拳法或腿法的进攻动作，主要针对防守紧密、反应快速、沉着冷静的对手采用的战术打法。其他进攻动作主要用于强攻或抢攻的战术。要抓住机会，攻其不备。以上只是进攻动作的一部分，运动员也可以全面、系统地运用技术，根据自身特点合理组编进攻动作，形成自己独特的打法。

在散打实战中，要做到指上打下、声东击西，随机应对复杂多变的打法，达到进攻的有效目的，从而取得比赛胜利。

二、进攻练习

（一）“喂引”练习

运动员根据教练员发出的口令或手势练习进攻动作，该练习重点强调动作的突发性和动作运用的协调性。教练员也可将体重相近的学生配对，配对双方互相喂靶，练习进攻动作。进攻动作可以由教练员指定，也可以让喂靶一方随意支喂。要求练习时准确把握进攻的时机、距离和角度，由简到繁、循序渐进。

（二）条件实战练习

条件实战是在设定一定限制条件的情况下进行的实战练习，常用于实战的初级阶段和训练的调整阶段，它能提高运动员的某一个或几个特定技、战术的运用能力。配对双方按照教练员指定的进攻动作或随意的进攻动作，限定时间进行练习，注意进攻动作要由简到繁，由易到难，力量由轻到重，循序渐进。练习前教练员要对双方运用的技、战术提出严格要求，要求运动员相互理解、相互帮助，鼓励运动员要勇敢机智、不怕困难，使其树立自信心。练习时教练员认真指导、提示运动员。

第五节　散打的防守反击技术和练习

一、防守反击动作

防守反击是既能保护自己又能打击对方的手段。运动员根据复杂多变的情况，采用相应的防守反击动作。

（一）拍挡掼拳反击

由实战姿势开始，当对方用后蹬腿进攻时，我方用左拍挡防守；然后用右掼拳反击对方面部。如对方用前腿进攻，我方用右拍挡防守，左掼拳反击（见图 2－335、图 2－336、图 2－337）。

图　2－335

图　2－336

图　2－337

要求：步法移动灵活，距离调整到位，以便防守反击及时、准确。

（二）拍压踹腿反击

由实战姿势开始，当对方用后正蹬腿进攻时，我方用左拍压防守；然后用前踹腿反击对方躯干。如对方用前正蹬腿进攻，我方用右拍压防守，反击相同（见图 2－338、图 2－339、图 2－340）。

图　2-338

图　2-339

图　2-340

要求：步法移动灵活，距离调整到位，防守及时、准确、有力，反击速度快。

（三）拍压横踢腿反击

由实战姿势开始，当对方用后正蹬腿进攻时，我方用左拍压防守；然后用后横踢腿反击对方躯干。如对方用前正蹬腿进攻，我方用右拍压防守，用前横踢腿反击（见图 2-341、图 2-342、图 2-343）。

图 2-341

图 2-342

图 2-343

要求：步法灵活，防守及时，防守后要迅速反击。

（四）挂挡冲拳反击

由实战姿势开始，当对方用后掼拳进攻时，我方用左挂挡防守；然后用右冲拳反击对方面部。如对方用前掼拳进攻，我方用右挂挡防守，用左冲拳反击（见图 2-344、图 2-345、图 2-346）。

图　2-344

图　2-345

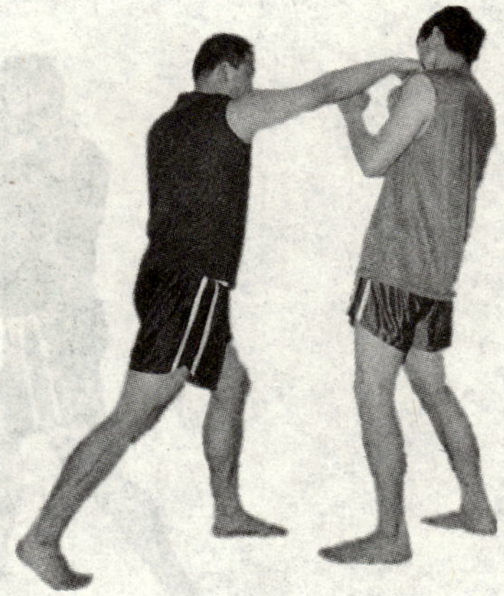

图　2-346

要求：防守迅速，反击要连贯、有力。

（五）挂挡摆拳反击

由实战姿势开始，当对方用后摆拳进攻时，我方用左挂挡防守；然后用右摆拳反击对方面部。如对方用前摆拳进攻，我方用右挂挡防守，用左摆拳反击（见图 2-347、图 2-348、图 2-349）。

图 2-347

图 2-348

图 2-349

要求：防守迅速，反击要连贯、有力。

（六）内抄别摔反击

由实战姿势开始，当对方用前横踢腿进攻时，我方用右内抄防守；然后用别摔反击。如对方用后横踢腿进攻时，我方使用的防守反击动作一样，但方向相反（见图 2-350、图 2-351、图 2-352、图 2-353）。

图　2-350

图　2-351

图　2-352

图　2-353

要求：防守与反击要连贯、迅速。

（七）外抄勾踢反击

由实战姿势开始，当对方用后横踢腿进攻时，我方进步，同时用左外抄防守；然后用右手按压对方颈部，同时用后腿勾击对方小腿。如对方用前横踢腿进攻，我方使用的防守反击动作一样，但方向相反（见图 2-354、图 2-355、图 2-356）。

图 2-354

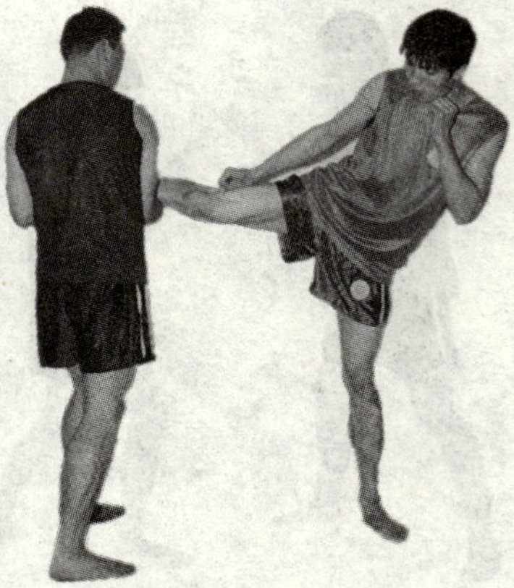

图 2-355

图 2-356

要求：进步外抄要快速、准确，反击要迅速、有力。

（八）掩肘横踢腿反击

由实战姿势开始，当对方用后横踢腿进攻时，我方用左掩肘防守；然后用后横踢腿反击对方腹部。如对方用前横踢腿进攻时，我方用右掩肘防守，用前横踢腿反击（见图 2-357、图 2-358、图 2-359）。

图　2－357

图　2－358

图　2－359

要求：防守与反击要协调、连贯。

（九）内挂横踢腿反击

由实战姿势开始，当对方用后踹腿进攻时，我方用左内挂防守；然后用后横踢腿反击。如对方用前踹腿进攻时，我方使用的防守反击动作一样，但方向相反（见图 2－360、图 2－361、图 2－362）。

图 2-360

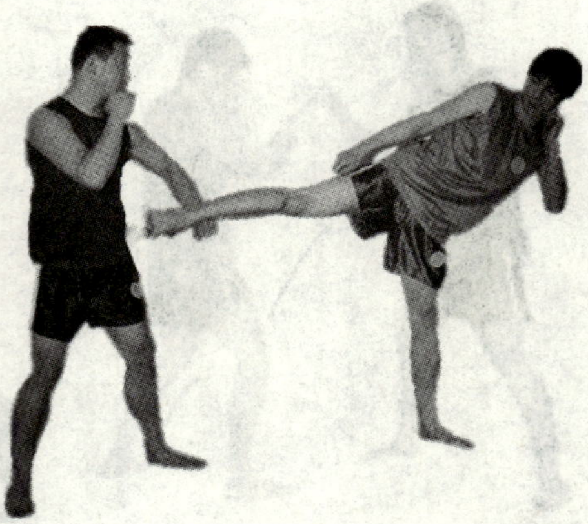

图 2-361

图 2-362

要求：防守要有力，反击要连贯、迅速。

（十）外挂蹬腿反击

由实战姿势开始，当对方用后正蹬腿进攻时，我方用左外挂防守；然后用前正蹬腿反击。如对方用前正蹬腿进攻时，我方使用的防守反击动作一样，但方向相反（见图 2-363、图 2-364、图 2-365、图 2-366）。

图　2-363

图　2-364

图　2-365

图　2-366

要求：防守要有力，重心落在后腿上，蹬腿反击要迅速。

（十一）外挂横踢腿反击

由实战姿势开始，当对方用后正蹬腿进攻时，我方用左外挂防守；然后用后横踢腿反击。如对方用前正蹬腿进攻时，我方用右外挂防守，前横踢腿反击（见图2-367、图2-368、图2-369、图2-370）。

图 2-367

图 2-368

图 2-369

图 2-370

要求：防守及时、有力，反击起腿要快，发力要狠。

(十二) 提膝冲拳反击

由实战姿势开始，当对方用后横踢腿进攻时，我方提膝防守；然后用前冲拳反击（见图 2-371、图 2-372、图 2-373）。

图　2-371

图　2-372

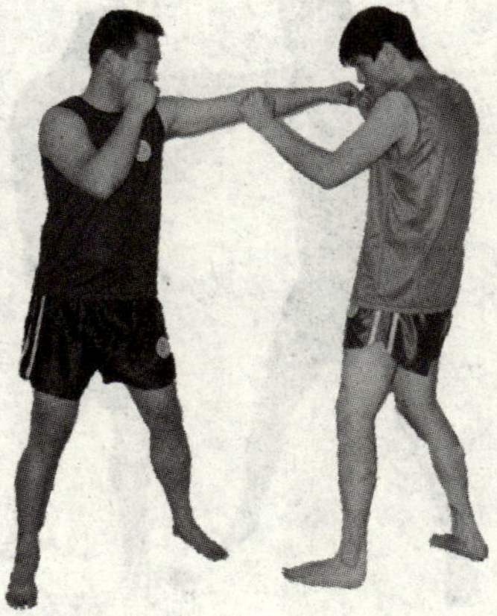

图　2-373

要求：防守要准确，反击要及时、有力。

(十三) 提膝掼拳反击

由实战姿势开始，当对方用后横踢腿进攻时，我方提膝防守；然后用前掼拳反击（见图 2-374、图 2-375、图 2-376）。

图 2-374

图 2-375

图 2-376

要求：防守要准确，反击要及时、有力。

（十四）撤步踹腿反击

由实战姿势开始，当对方用前踹腿进攻时，我方撤步防守；然后滑步用前踹腿反击（见图 2-377、图 2-378、图 2-379）。

图　2－377

图　2－378

图　2－379

要求：防守要迅速、有力。

以上只是防守反击技术的部分打法，所介绍的防守后的反击动作是单一动作。对于组合动作的反击，这里就不一一介绍。运动员在练习和实战中，除采用以上打法外，还可根据双方的不同情况，运用已掌握的技术动作，灵活采用多变有效的技术动作进行反击。防守后的反击动作可使用单一动作，也可使用组合动作。

二、防守反击练习

（一）信号练习

运动员根据教练员发出的口令、术语或进攻的具体动作信号，做出相应的防守反击动作。该练习要求运动员反应速度快、合理运用技术动作进行反击，把握防守与反击动作间的协调和连贯性，使运动员逐步建立防守后的反击意识。

（二）“喂引”练习

运动员按照教练员指定的配对或自由配对进行练习。教练员规定练习时间和运动量，一方进攻，另一方防守反击；要求进攻一方先按规定动作进攻，逐渐过渡到随意使用动作进攻。进攻动作由简到繁，力量由轻到重，速度由慢到快，运动员逐渐掌握正确技术，防止受伤。

第三章 散打教学

散打教学不但具有体育教学的共性特点，而且在教学中逐渐形成了自身的教学特点、教学阶段、教学步骤及教学方法等。散打是一项激烈的对抗性项目，散打教学以体育理论和教育学为指导，遵循体育教学原则，遵循运动技能的形成规律。它不仅要使学生掌握散打的基本动作和技术，还要使学生能够合理运用动作进行实战，因此，只有了解散打的主要特点，遵循散打教学规律，才能保证散打教学质量。

第一节 散打教学的主要特点

一、以武德为本，贯彻始终

“未曾习武先学礼，未曾习武先习德。”武术在中国几千年的历史长河中，一向重礼仪，讲武德。散打技术和人生修行相结合，体现着中国武术的传统道德观念。散打教学不仅是强身健体、掌握格斗技能的过程，而且是陶冶情操、培养道德品质的有效手段，同时有益于社会精神文明建设。散打教学中，教练员不仅要以自己高尚的武德、端正的言行举止和精湛的技艺感染学生，而且要注重武德教育，培养学生良好的道德品质和心理素质，使学生正确认识学习散打的目的和意义，从而激励学生刻苦学习，弘扬民族文化。

二、突出对抗性，注重实用性

散打是激烈的对抗搏击项目，对抗性是散打的本质特征。虽然散打实战千变万化，但所表现的动作都是由最基本的技术动作组合而成。因此在教学中，教练员不仅要教会学生掌握技术动作，而且要根据实战的规律和特点实施教学。注重对学生攻防技击性的启发和引导，使学生对每一个技术动作的攻防含义有更深刻的了解，掌握技术动作在实战中的用法，逐渐培养学生的攻防意识。这样才能突出散打的对抗性和实用性。防止技术动作练习与实战脱节。

三、双人练习，默契配合

散打是两人的对抗性项目。为提高学生的技、战术水平，两人配合练习是重要的练习手段，在教学中必不可少，如攻防技术练习、“喂引”练习、打靶练习、条件实战等。因此在教学中，应要求学生互相学习，从对方的实际水平出发，默契配合、共同进步。

第二节　散打教学原则

散打教学原则是教学过程中客观规律的反映，是教学中必须遵循的基本要求。散打教学原则要遵循体育教学的原则，符合运动技能的形成规律和人体机能活动规律。散打是对抗性项目，散打教学原则有它自身的特点。

一、直观性原则

直观性原则，是在教学中运用各种手段，如讲解、示范、播放教学与比赛录像片、观看表演与比赛等，通过学生的听觉、视觉、触觉等各种感觉器官，建立动作表象，获得感性认识，从而正确掌握技术和战术。教练员要根据现有条件，在散打教学的不同阶段和内容上选择多种相适宜的有效直观手段，使学生逐步建立动作技术表象，分辨动作技术的正确与错误，以及不同战术下技术打法的优点与缺点。

二、循序渐进原则

运动技能的形成都要经过泛化阶段、分化阶段及自动化（巩固）阶段。任何技术动作都是由初练开始逐渐达到巩固。散打技术的学习也必须遵循运动技能的形成规律。散打教学要从基本的拳法、步法、腿法开始，从单个动作到组合动作，从条件实战到实战，由简到繁，由易到难，循序渐进。

三、区别对待原则

区别对待原则，是在教学中，根据学生的个人特点选择不同的教学方法，因材施教。在散打教学中，教练员要深入分析学生的身体素质、生理与心理特点、接受能力等，根据具体情况制定相应的教学计划和目标，同时要考虑到学生的个体差异，区别对待，最大限度地满足不同对象的学习需求。

四、系统的不间断原则

系统的不间断原则，是指从学生开始学习到出现优异运动成绩，以及保持运动成绩并继续提高，直至“运动寿命”的终结，都应该按照一定的顺序，持续地学习和训练。散打教学，也应该做到由简到繁、由易到难、由浅入深的不间断学习和训练。只有这样，运动员机体所产生的一系列良好的适应性变化才能够获得长期的积累，才能为取得优异成绩创造条件。因此教学中，教练员必须按照一定的顺序安排教学，使学生逐渐地去学习和掌握，取得良好的教学效果。

五、周期性原则

周期性原则，是指教学过程以循环往复的方式进行，每一个循环是在前一个循环的基础上，有计划地提高教学要求，而不是简单的重复。在散打教学中的不同教学阶段，教学内容的安排遵循周期性原则，以前已掌握的技、战术，已建立的条件反射和动力定型需要不断巩固，才有可能不会消退。只有这样，学生的技、战术水平才能逐渐得到巩固和提高。

第三节　散打的教学阶段和教学内容

运动技能形成的过程是连续的、渐进的，是建立条件反射的过程。散打动作技能的形成可分为泛化阶段、分化阶段、巩固阶段和自动化阶段四个阶段。因此，在散打动作技能形成的不同阶段，应制定切合实际的教学目标和任务，选择适宜的教学内容，采取不同的教学方法。根据散打的本质特点及教学原则，散打教学可分为三个阶段。

一、散打的教学阶段

(一) 学习和掌握基本动作、基本技术阶段（泛化阶段）

这一阶段的主要教学任务是使学生对动作有初步了解，粗略掌握动作，反复练习，初步形成动作表象，并发现问题，及时纠正。散打教学中应注重直观教学，讲解、示范使学生建立正确的动作概念，抓住动作的主要特点，突出重点，不宜过多要求动作细节，对正确的动作及时给予肯定并加以强化。

（二）基本动作与基本技术的配合运用阶段（分化阶段）

这一阶段的主要教学任务是在完成第一阶段教学任务的基础上，巩固正确动作，提高动作协调性和完成质量，并在一定限制条件下，两人配合练习，使学习和掌握的技术动作得以运用。在第一阶段学习基础上，学生对散打运动技能内在规律已有初步了解，通过不断练习，逐渐消除多余、不协调、错误动作。两人配合练习按要求能顺利实施，已初步建立动力定型。但遇到新异刺激时，多余或错误动作可能还会出现，动作不协调、两人配合失常也有可能出现，因此，在散打教学中，教练员要能及时发现问题，根据问题反复强调正确动作，并要求学生反复练习。这一阶段教练员要强调动作细节，充分利用视觉和语言等反馈作用，注重示范与模仿，强化视觉与本体感觉间的联系。

（三）条件实战和实战阶段（巩固和自动化阶段）

这一阶段的主要教学任务是了解和掌握技、战术打法的运用；针对不同对手，灵活运用各种技术打法；培养学生勇敢顽强、沉着冷静、果断自信的实战精神；建立稳固的条件反射和动力定型。在第一和第二阶段练习基础上，通过进一步反复练习，已建立的条件反射和动力定型不断巩固，当暂时联系达到非常巩固时，动作会达到自动化阶段，此时运动员可充分调动第二信号系统的活动，专注分析判断对手赛场战略、战术的变化，及时准确把握战机。在散打教学中，一定要经过条件实战阶段，逐渐过渡到实战阶段。如果跨越条件实战练习，直接进入实战，必定会出现相互间乱打乱踢现象，不仅学生会伤痕累累，还有可能出现严重伤害事故。条件实战一定要由简到繁、由易到难，力量由轻到重进行。值得注意的是，在条件实战练习之前，学生必须经过抗击打能力的训练，才能进入条件实战练习。

二、散打的教学内容

（一）基本动作学习

（1）实战姿势：步型、躯干、手臂、头部。

（2）步法：进步、退步、插步、纵步、前疾步、后疾步、上步、撤步、垫步、滑步、闪步、跳换步、弹跳步、环绕步、侧跨步。

（3）拳法：冲拳、掼拳、抄拳、鞭拳。

（4）腿法：蹬腿、踹腿、横踢腿、扫腿、转身后摆腿、侧弹腿、勾踢腿、劈腿。

(5) 跌法：前滚翻、后滚翻、鱼跃前滚翻、鱼跃左滚翻、鱼跃右滚翻、前倒、后倒、前扑。

(6) 摔法：抱腿前顶摔、抱腿过胸摔、抱腿别腿摔、抱腿打腿摔、旋压摔、夹颈过背摔、夹颈打腿摔、插肩过背摔、抱腰过背摔、抱腿涮、抱腿甩、抱腿上托摔、抱腿勾踢摔、抄腿勾踢摔。

(二) 基本技术学习

(1) 防守技术：拍挡、挂挡、拍压、内抄、外抄、掩肘、内挂、外挂、提膝、下潜摇身、撤步。

(2) 进攻技术。

(3) 防守反击技术。

(4) 学习散打竞赛裁判法；学习散打竞赛规则。

(5) 观看散打教学录像。

(三) 条件实战和实战练习

(1) 拳法的进攻与防守。

(2) 腿法的进攻与防守。

(3) 拳腿的进攻与防守。

(4) 从单一到组合的进攻与防守。

(5) 从有条件要求到随意的进攻与防守。

(6) 观看散打比赛录像；注意观察比赛中技、战术的配合运用。

第四节 散打的教学方法

散打的教学方法直接影响教学任务的完成，它是完成散打教学任务的途径、方式和手段。散打教学方法的确定要根据教学任务、目标和学生的实际情况。

一、语言法

语言的正确运用，能使学生明确学习任务，加快掌握散打基本动作、基本技术和实战技能，培养学生分析解决问题的能力以及不怕困难、机智勇敢的意志品质，培养学生良好的道德素质。

(一) 讲解教学法

讲解是散打教学中普遍采用的一种语言法。教练员通过讲解，让学生了解、掌握散打的学习内容，学习散打相关知识。教练员讲解要注意把握讲解时机，重点突出、形象生动、通俗易懂、简明扼要。讲解可与示范有机结合，使学生加深理解与记忆。

讲解的主要内容：

1. 讲解动作名称及规格要求

教练员首先要让学生知道动作名称，并说明动作的路线、方法、发力要点及顺序、对身体相关部位的要求等。也可讲解与示范相结合。

2. 讲解动作的攻防技击性

教练员讲解动作的击打部位及力点，说明其攻防作用及在实战中的运用价值，使学生明确散打动作的内在本质，更好地理解和掌握学习内容。教练员可边讲解边示范，激发学生学习兴趣，活跃课堂气氛。

3. 讲解动作的要领

教练员对动作的要领一定要讲解清楚，尤其是较难的动作。教练员要不断积累丰富经验，总结出让学生易懂、易接受的散打技术动作的内在规律，通过讲解传递给学生。一定要重点讲解动作的关键环节，使学生更好的掌握动作。

4. 讲解动作的节奏

练习散打动作时，要注意动作的轻、重、快、慢，尤其是对于初学者，教练员更应注重动作的节奏，引导学生处理好动作的节奏，使技术运用效果达到最佳。

5. 讲解动作的技、战术打法

教练员可根据动作特点，认真讲解动作的技、战术打法，不仅使学生掌握所讲解动作的技、战术打法，而且要引导学生对技、战术打法的灵活运用。

6. 讲解动作的易犯错误

教练员在讲解散打动作时，可让学生了解易犯的错误动作，通过正误对比，提高学生对动作的识别能力。

7. 讲解动作的练习方法

学完动作后，教练员要教会学生完成动作的基本练习方法，如分组配对打靶、集体行进间空击等。可以采用讲解与示范相结合的教学方法，让学生加深理解。注意讲解要突出重点，切勿长篇大论。

（二）口令教学法

口令教学法是散打教学语言法中一种主要且普遍采用的形式。教练员运用短促、有力、洪亮的口令指导学生学习和练习。常用的口令有以下几种。

1. 术语口令

为了巩固学生对语言信号的条件反射，提高反应速度，在练习时，学生根据教练员发出的不同动作术语或技、战术打法术语迅速作出相应技术动作，以达到练习目的。

2. 数字口令

数字口令是一动一个呼号，教练员发出数字口令指挥学生学习和练习。教练员的口令节奏根据学生练习情况可慢可快、可断可续。

3. 提示性口令

提示性口令主要运用于条件实战或实战中。为了使学生能及时、合理运用技、战术打法应对对手，教练员在旁边可用语言提示学生该如何应对或告知得分情况等，逐步培养学生分析、解决及实战调控等能力。

二、直观法

（一）示范教学法

示范教学法在散打教学中非常重要。它是学生通过观察教练员（或选定学生）完成的动作进行学习的最常用、最形象的教学方法。示范教学，能使学生通过直观的感性认识较快地建立动作表象，甚至能激发学生的学习兴趣，调动学习积极性。做示范时，应注意以下几点：

1. 示范要正确，动作质量高

教练员在做示范时，不仅要正确完成动作，而且一定要保证高质量。这样使学生对学习内容理解更深刻。

2. 示范与讲解相结合

示范通常与讲解相结合，两者互相补充，教学效果显著。教练员可以先讲解后示范，或先示范后讲解，或边讲解边示范。对初学者或水平较低者应以示范为主，对水平较高者应以讲解为主。

3. 示范方法多样化

根据学生实际情况和学习内容的难易程度，选择适宜的示范方法。完整示范能使学生对动作形成完整概貌，对于学生基础较好或简单动作可采用完整示范；分解示范能使学生了解动作组成的每个细节，对于学生基础较差或复杂动作可采用分解示范；为使学生对动作有更清楚的认识，可以采用完整与分解示范相结合；为使学生对正确动作有更深刻的印象，可以根据需要放慢动作速度进行示范，还可以采用正误对比示范。

4. 合理选择示范位置和示范面

示范最重要的是让全体学生都能观察到教练员（或选定的学生）的示范动作。因此要根据所要示范动作的需要，灵活选择最佳示范位置和示范面，以达到预期的示范效果。

5. 领做示范

在初学新动作时，教练员讲解示范后，要领做示范，同时学生跟随练习。因此教练员要选择合理的示范位置和示范面，把握好领做速度、用力大小，以便学生观察和模仿练习。通常领做速度由慢至正常，用力由小至正常。

（二）电化教学

为了加深学生建立正确的动作概念，可通过观看图片、教学录像、比赛录像等，以提高教学效果。

三、完整与分解教学法

完整教学法是从动作开始到结束，不分部分和段落，完整、连续地进行教学和练习的方法。它能保持动作结构的完整性。教学中，对于结构简单且难度较小、易于掌握或不易分解的技术动作或基础和接受能力较好的学生主要采用完整教学法。这种方法在运用时要注意重点突出，也可适当结合分解教学法。分解教学法是将完整动作按技术结构分段或按身体活动部位分若干部分进行教学和练习的方法。对于动作复杂且难度较大、不易于掌握或可以分解的技术动作或基础和接受能力较差的学生主要采用分解教学法。这种方法在划分动作时要考虑易于后面连接完成，要让学生知道各部分的动作要点和它们相互之间的联系，不宜将动作分解过细或分解时间过长，要尽快连接成完整动作。

四、模拟教学法

为了提高学生的实战能力，并不断提高他们的心理素质。可根据学生的实际情况、教学的目的和动作要求，采用模拟教学法，有针对性地模拟实战中的技、战术状况及场景氛围等。如模拟主动进攻、防守、防守反击、各种不同类型打法的技、战术实战能力等。

五、组织练习法

学生初步掌握动作之后，技术运用还不够熟练，这就需要教练员组织学生进行反复练习，以便检查、纠正错误动作，逐渐形成正确的动力定型，达到巩固提高的目的。在散打教学中通常采用的组织练习法主要有以下 4 种。

（一）分组练习法

学生掌握动作之后，根据实际情况可以将学生分成若干组进行分组观摩练习。要充分发挥学生的主观能动性，加强组与组、组内学生间的学习与交流，互帮互学、取长补短，同时培养学生分析和解决问题的能力；还可以安排各组练习不同的内容，区别对待，激发学生的学习兴趣。教练员要统揽全局，分别辅导、帮助、督促学生完成学习任务。

（二）集体练习法

学生在教练员领做下或通过听教练员口令、看手势等方式，按一定组数、时间集体统一进行练习。教练员易于观察、了解全体学生的练习情况，灵活掌握练习运动量，易于发现学生存在的普遍问题以及个别问题，便于及时纠正错误，达到复习、巩固，形成动力定型的目的。

（二）单人练习

学生可根据自身情况有目的地进行练习。充分发挥个人的思维能力，自主调节运动量，认真体会技术动作要领以及关键环节，充分调动个人学习能动性。教练员注意加强对学生的辅导和纠错。

（四）双人练习

双人练习常用于面对面空击、打靶、条件实战、实战等练习中，是散打技、战术练习必须采用的方法，也是散打教学中常用的重要练习方法之一。双人练习要求双方积极配合，默契合作，相互帮助，共同提高。教练员要根据具体情况合理安排练习内容，合理分配人员。

六、易犯错误和纠正错误动作法

在散打练习中，学生易犯错误的主要原因：

（1）学生身体素质差。

（2）学生心理素质差，胆怯而不敢完成动作。

(3) 学生接受能力差，协调性不好。

(4) 学生对正确动作概念理解有偏差。

(5) 学生在外界环境干扰或疲劳等情况下练习。

纠正错误动作的方法：

(1) 根据学生实情，适当降低动作要求，采取相应的身体训练手段，逐步提高一般身体素质和专项身体素质，达到能顺利完成动作的目的。

(2) 教练员一方面要引导学生调整恐惧心理，另一方面可采取降低动作难度、分解练习或辅助练习的方法。必要时一定要做好保护措施，尽可能消除学生惧怕心理。

(3) 教练员要多采用分解教学法，慢速示范，反复领做。

(4) 教练员要讲解细致、全面。示范要根据学生情况，把握示范速度和次数。引导学生建立正确动作概念，清楚动作的路线、方法、顺序、要领和要求等。同时通过强调易犯错误、正误对比的方法，学生能更易于理解和加深印象。

(5) 教练员一方面尽可能排除环境干扰，另一方面要采取转移、暗示等方法集中学生注意力，提高学生抗干扰能力；训练中科学、合理地安排好运动量，避免学生过度疲劳的现象发生。

第四章 散打训练

散打训练是运动员在教练员的指导下，为提高运动员的竞技能力，创造优异运动成绩，保持高水平运动成绩而进行的一系列准备性教育过程。它主要包括身体训练，基本动作训练，基本技术训练，技、战术打法训练，心理训练，实战训练，功力训练及武术基本动作练习等。

第一节 身体训练

身体训练是培养运动员的力量、速度、耐力、柔韧、灵敏等素质的训练过程。这些素质的训练可分为一般身体素质训练和专项身体素质训练。一般身体素质训练能够促进身体的全面发展，专项身体素质训练能够有针对性地发展本专项所特有的运动素质。

一、柔韧训练

柔韧训练能提高运动员关节的活动幅度和肌肉韧带的伸展程度，促进运动员充分发挥技、战术水平，减少运动损伤的发生。

(一) 柔韧训练的主要方法

1. *肩臂柔韧练习*

肩臂柔韧练习主要是加大肩关节的活动范围，提高肩关节的柔韧性以及上肢运动的敏捷、绕环等能力。肩臂柔韧性是学习和掌握各种拳、掌等手法的基本专项素质。

(1) 压肩。面对肋木（或一定高度的物体）站立，距肋木一大步，两脚左右分开与肩同宽或稍宽。两手抓握肋木，上体前俯，做下振压肩动作。教练员或同伴也可用手在肩部有节奏地给予助力。还可两人面对面站立，互相扶按肩部，做前屈的振动压肩动作（见图 4-1、图 4-2）。

要求：挺胸、塌腰、收髋，两臂、两腿要伸直。压点集中于肩部，振幅、助力都应逐步加大。

图 4-1

图 4-2

（2）交叉绕环。开步站立，两臂直臂上举。左臂向前、向下、向后，右臂向后、向下、向前于身侧划立圆绕环。左右交替练习（见图 4-3、图 4-4、图 4-5）。

图 4-3

图 4-4

图 4-5

(3) 单臂绕环。左弓步站立，左手按于左膝上（或两脚开立，左手叉腰），右臂垂于体侧。向后绕环时，右臂由下向前、向上、向后绕环；向前绕环时，右臂由上向前、向下、向后绕环。练习时，左右臂交替进行。做左臂绕环时，换右弓步站立，方法相同（见图 4-6、图 4-7、图 4-8）。

图　4-6

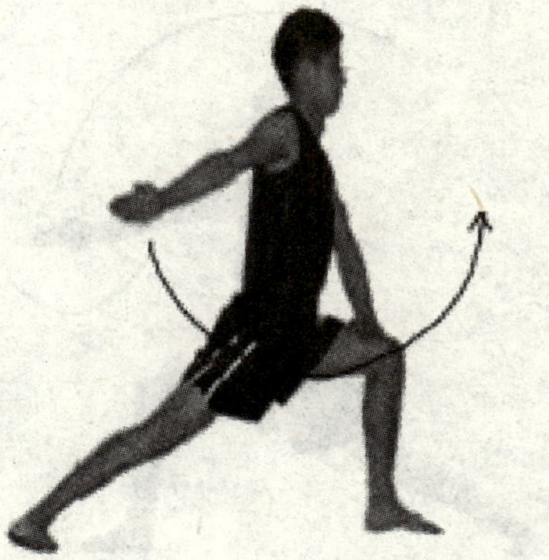

图　4-7

图　4-8

要求：肩放松，臂伸直，划立圆，逐渐加快速度。

(4) 乌龙盘打。两脚开立略宽于肩，两臂垂于体侧。左脚向左迈出一步成左弓步，上体随之左转，同时右臂向左前下方伸出，左掌手心向内，掌指向下，插于右臂肘关节处；上动不停，上体右转成右弓步，同时右臂伸臂向左、向上、向右抡臂划弧至右上方，左掌下落至左下方；上动不停，上体右后转，同时右臂直臂向下、向后抡臂划弧至后下方，左臂直臂向上、向前抡臂划弧至前上方；上动不停，上体左转成右扑步，同时右臂直臂向上、向右、向下抡臂划弧至右腿内侧拍地，左臂向下、向左抡臂划弧停于左上方。左右交替练习（见图 4－9、图 4－10、图 4－11、图 4－12）。

图 4－9

图 4－10

图 4－11

图 4－12

要求：向上抡臂时要贴近身；向下抡臂时要贴近腿。扑步抡拍时，眼随手动。

2. 腿部柔韧练习

（1）正压腿。面对肋木或一定高度的物体，并步站立。左腿抬起，脚跟放在肋木上，脚尖勾起；两手按于膝上，两腿伸直，收髋立腰；上体前屈，向前、向下做压振动作。左右腿交替练习（见图 4-13、图 4-14）。

图 4-13

图 4-14

要求：压振要逐渐加大振幅；先以前额、鼻尖触及脚尖，逐渐过渡到下颌触及脚尖。

（2）侧压腿。侧对肋木或一定高度的物体，并步站立。左腿支撑，脚尖稍外撇，右腿抬起，脚跟放在肋木上，脚尖勾起；左臂屈肘上举，右掌附于左胸前；两腿伸直，开髋立腰，上体向右侧压振。左右腿交替练习（见图 4-15、图 4-16）。

图 4-15

图 4-16

要求：压振要逐渐加大振幅，逐步过渡到上体能侧卧在被压腿上。

（3）后压腿。背对肋木或一定高度的物体，并步站立，两手叉腰或扶在一定高度的物体上。左腿支撑，右腿抬起，脚背放在肋木上，脚面绷直；上体后屈做压振动作。左右腿交替练习（见图 4－17）。

图 4－17

要求：两腿伸直，支撑腿全脚掌着地，展髋、挺胸，腰向后屈。

（4）扑步压腿。两脚左右开立。右腿屈膝全蹲，全脚掌着地，左腿伸直，脚尖内扣；然后两手分别抓握两脚外侧，成左扑步；接着右脚蹬地，重心左移，左膝弯曲，右腿伸直，转成右扑步。左右扑步交替练习（见图 4－18、图 4－19）。

图 4－18

图 4－19

要求：挺胸、塌腰，左右移动不宜过快；挺胸、沉髋，臀部尽量贴近地面移动。

（5）虚步压腿。并步站立。右腿屈膝略蹲，左腿伸直在体前，脚尖翘起，脚跟着地；上身前俯，右手握住左脚内侧，左手握在脚尖外侧，两臂屈肘，两手用力向后拉，上身前俯用下额触及脚尖；略停片刻，上身直起，两臂伸直，接着再做第 2 次（见图 4－20、图 4－21）。

图　4-20

图　4-21

要求：挺胸、塌腰、直背、身体前探，挺膝、坐胯、收肘、下颌触脚尖。可先用头顶触及脚尖，逐渐过渡到用下颌触及脚尖。

（6）横劈叉。两手在体前扶地，两腿左右分开成直线，脚内侧着地。横劈叉完成后，可上体俯卧或侧倾进行练习（见图 4-22、图 4-23、图 4-24）。

图　4-22

图　4-23

图　4-24

要求：立腰、挺腰、沉髋、挺膝。

（7）竖劈叉。两手左右叉腰或左右扶地或两臂侧平举（初学者可两手扶地），两腿前后分开成直线；前腿以后侧着地，脚尖勾起，后腿以内侧或前侧着地（见图 4-25）。

图 4-25

要求：立腰、挺腰、沉髋、挺膝。

3. 腰部柔韧练习

(1) 前俯腰。并步站立，两手手指交叉，直臂上举，手心朝上；上体前俯，两手尽量贴地；然后两手松开，抱住双脚跟腱，逐渐使胸部贴近腿部，持续一定时间后再起立。还可以向左或向右侧转体，两手在脚外侧贴触地面进行练习（见图 4-26、图 4-27、图 4-28）。

图 4-26

图 4-27

图 4-28

要求：两腿伸直，挺胸、塌腰、收髋，并向前折体。

（2）甩腰。开步站立，两腿伸直，两臂上举；然后以腰、髋关节为轴，上体做前后屈和甩腰动作，同时两臂跟着甩动（见图 4－29、图 4－30）。

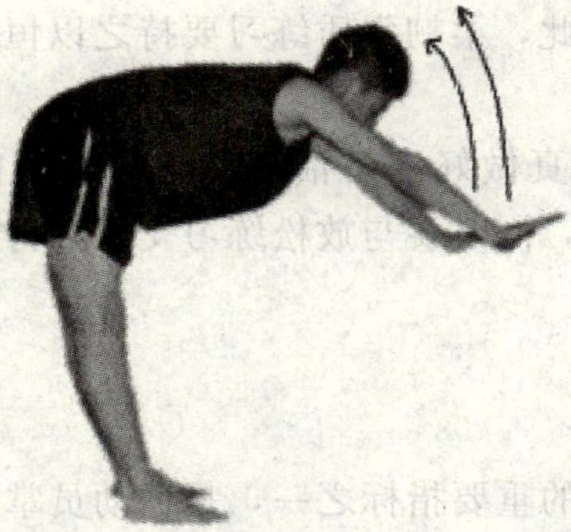

图 4－29

图 4－30

要求：动作要有弹性，甩腰幅度逐渐加大，速度由慢逐渐加快。

（3）涮腰。两脚开立略宽于肩，两臂自然下垂；以髋关节为轴，上体前俯，两臂随之向左前下方伸出；然后向前、向右、向后、向左反转绕环。左、右方向交替练习（见图 4－31、图 4－32）。

图 4－31

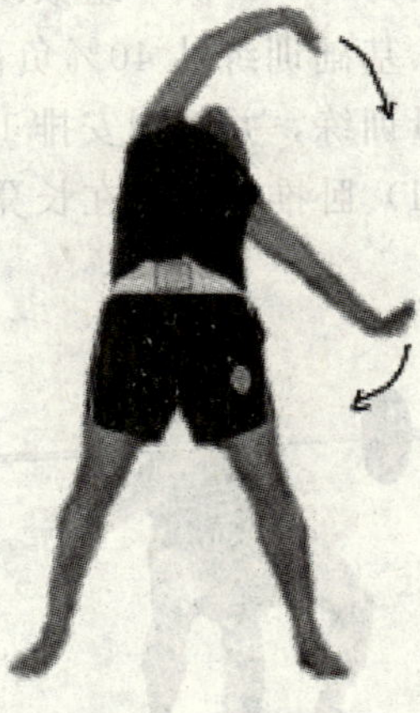

图 4－32

要求：逐渐增大绕环幅度，速度由慢逐渐加快。

（二）柔韧训练的注意事项

（1）柔韧素质是散打运动员必须具备的基本素质。根据武术散打运动特点，运动员需全面发展柔韧素质，尤其要重点发展下肢柔韧素质。

（2）由于柔韧素质容易消退，因此，柔韧素质练习要持之以恒。这样才能巩固以前的练习成果。

（3）柔韧素质练习前，一定要认真做好准备活动。练习时不能急于求成，要根据自身柔韧情况，循序渐进，同时要与放松练习交替进行，避免撕裂和拉伤肌肉韧带。

二、力量训练

力量是散打运动员身体运动水平的重要指标之一，是运动员掌握技术动作，提高专项水平的基础。力量训练能有效提高运动员身体或身体某部位的力量及抗阻力的能力。

（一）力量训练的主要方法

1. 绝对力量练习

发展绝对力量一般采用运动员最大力量的60%～70%的负荷重量，重复次数为8～12次，组数以不降低重复次数为原则，组间间歇时间为2～5分钟。基础训练从40%负荷重量开始，有一定训练基础的运动员以80%负荷重量训练，并每周安排1～2次。主要采用的练习方法如下：

（1）卧推。仰卧在长凳上，推举杠铃（见图4－33、图4－34）。

图 4－33

图 4－34

（2）俯身提拉。两脚左右开立，身体前倾，两手握杠铃，做两臂屈伸运动（见图4－35、图4－36）。

图　4－35

图　4－36

（3）颈后推举杠铃。两脚左右开立，两腿直立，两手握杠铃于肩上；两臂快速向上推举杠铃到臂伸直，然后屈臂慢速还原（见图 4－37、图 4－38）。

图　4－37

图　4－38

（4）坐推杠铃。坐在凳上，推举杠铃（见图 4－39、图 4－40）。

图　4－39

图　4－40

（5）直体臂屈伸。身体直立，两手反握杠铃直臂垂于体前；两臂屈肘将杠铃翻起放在胸前，然后还原（见图 4－41、图 4－42）。

图 4－41

图 4－42

（6）负杠铃体侧屈。两脚开立略宽于肩，两手握杠铃于肩上；身体向左侧屈体，再向右侧屈体（见图 4－43、图 4－44、图 4－45）。

图 4－43

图 4－44

图 4－45

(7) 体后提铃。两脚左右开立，两手正握或反握杠铃直臂垂于体后；两臂屈肘提杠铃至最大程度（见图 4－46、图 4－47）。

图　4－46

图　4－47

(8) 屈臂伸。两脚左右开立，两手反握杠铃，两臂屈肘将杠铃置于胸前；然后伸直两臂接着再屈臂（见图 4－48、图 4－49）。

图　4－48

图　4－49

(9) 直臂起。两脚左右开立，两手正握杠铃下垂于体前；两臂直臂快速向前平举杠铃与肩同高，然后慢速落回原位（见图 4－50、图 4－51）。

图 4-50

图 4-51

(10) 负重深蹲。两脚开立，两手握杠铃于肩上；然后深蹲起（见图 4-52、图 4-53)。

图 4-52

图 4-53

(11) 负重半蹲跳。两脚开立，两手握杠铃于肩上；然后连续做半蹲跳（见图 4-54、图 4-55)。

图 4-54

图 4-55

(12) 负重仰卧起坐。两手持杠铃片置于头后，做仰卧起坐动作（见图4－56、图4－57）。

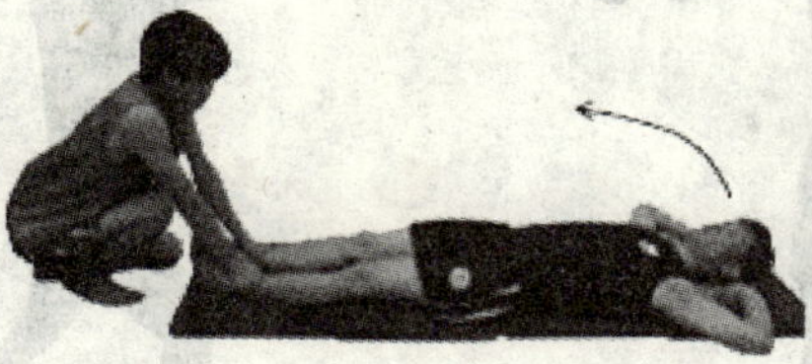

图 4－56

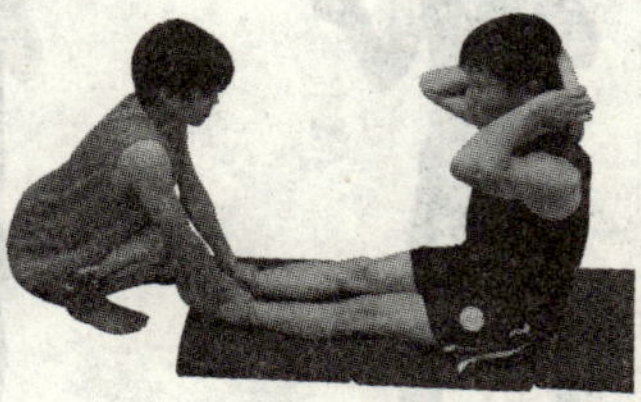

图 4－57

(13) 负重俯卧体后屈。两手持杠铃片置于头后，做俯卧抬上体动作（见图4－58、图4－59）。

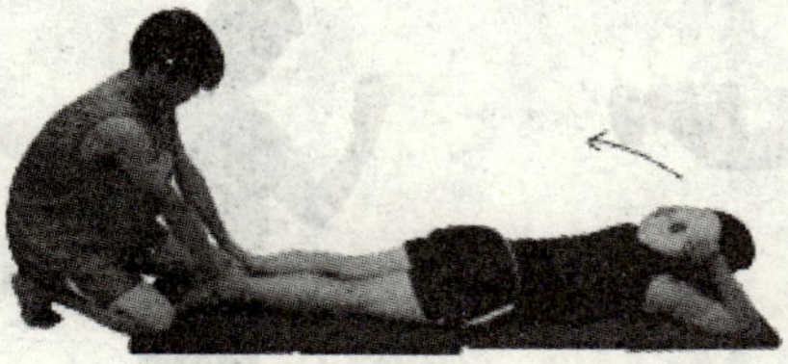

图 4－58

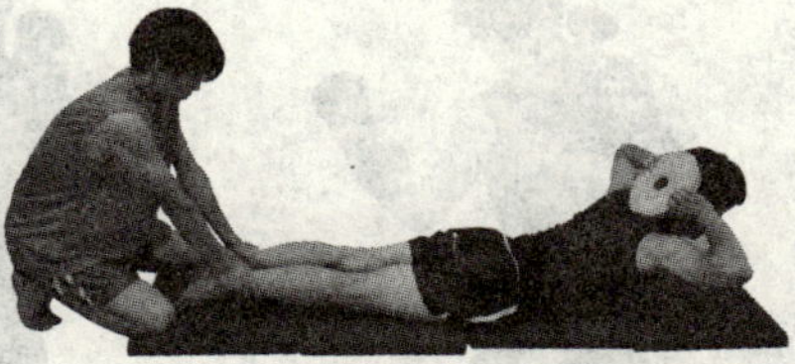

图 4－59

2. 速度力量练习

速度力量是力量与速度综合在一起的一种特殊的力量素质。由于运动员在训练和比赛中克服的器械和肢体负荷是恒定的，所以速度力量实际上是运动员在特定的负荷条件下所表现出来的最大动作速度能力。

发展运动员的速度力量，应采用小重量的负荷或不加负荷。练习时动作速度快而连贯。练习动作的速度要根据训练目的而定，如提高爆发力，可安排次极限速度；提高出拳、出腿的速度力量，可安排极限速度。完成单个练习时，每个练习的持续时间是在不出现疲劳和不降低动作速度的状态下进行。组间间歇时间必须保证机体工作能力的恢复和非乳酸性氧债的清除。

具体采用的动作方法：腿系沙袋做各种腿法练习；手握哑铃做各种拳法练习；抓握沙人做各种摔法练习。下面是几种手握哑铃做拳法练习的方法，每个动作均从实战姿势开始，动作练习方法参见第二章第一节“散打的基本动作和练习”中的拳法。

(1) 左冲拳、右冲拳（见图4－60、图4－61、图4－62）。

图 4-60

图 4-61

图 4-62

(2) 左平抄、右平抄（见图 4-63、图 4-64、图 4-65)。

图 4-63

图 4-64

图 4-65

(3) 左上抄、右上抄（见图 4-66、图 4-67、图 4-68)。

图 4-66

图 4-67

图 4-68

(4) 左鞭拳（见图 4－69、图 4－70、图 4－71、图 4－72）。

图　4－69

图　4－70

图　4－71

图　4－72

(5) 右鞭拳（见图 4－73、图 4－74、图 4－75、图 4－76）。

图　4－73

图　4－74

图 4-75

图 4-76

以上拳法练习，可以采用单击、连击或组合方法进行练习。具体安排，要根据训练需要。哑铃质量的选择要因人而异。

3. 力量耐力练习

力量耐力是指克服一定外部阻力，能坚持尽可能长的时间或重复尽可能多的次数的能力。散打运动员在规定时间内反复完成比赛动作要具备高水平的肌肉收缩能力，必须通过力量耐力训练。发展运动员力量耐力采取的训练，多采用小负荷。主要采用的练习方法如下：

（1）俯卧撑。身体俯卧，两腿伸直，两手屈臂支撑，然后用力伸直，重复练习（见图 4-77、图 4-78）。

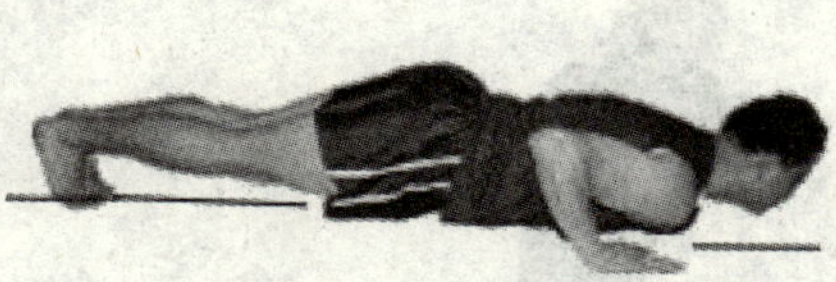
图 4-77

图 4-78

（2）“推小车”。同伴帮助将两腿抬起，做两臂支撑向前爬行的动作（见图 4-79、图 4-80）。

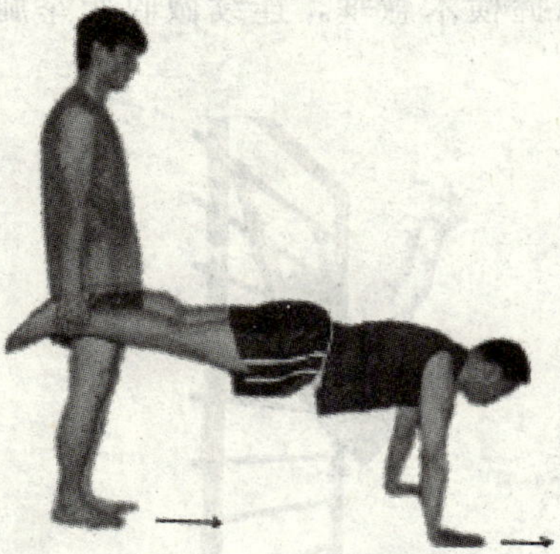

图　4-79

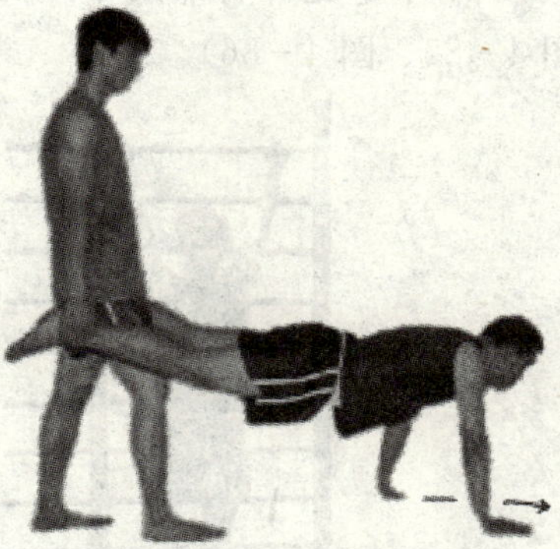

图　4-80

(3) 三角撑。身体仰卧，头、脚撑地，挺胸弓腰，两手在腹前定时克撑。也可做收、伸下颌动作，增加练习强度（见图 4-81、图 4-82）。

图　4-81

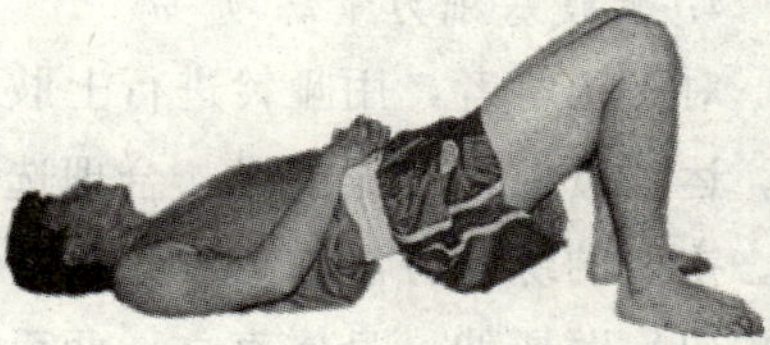

图　4-82

(4) “兔跳”。两腿全蹲，脚掌撑地，两手抱于头后；然后做连续原地跳、向前跳、侧向跳、背面跳动作（见图 4-83、图 4-84）。

图　4-83

图　4-84

（5）肋木举腿。背靠肋木，两手抓握横木悬垂，连续做收腹举腿动作（见图 4－85、图 4－86）。

图 4－85

图 4－86

4. 上肢基础力量练习

对于初学者，用哑铃进行上肢力量训练，是发展力量素质的一种有效方法。运动员根据自身情况，合理选择哑铃质量，练习负荷逐渐加大，循序渐进。主要的练习方法如下：

（1）臂屈伸。身体直立，两手反握哑铃直臂垂于体前；接着双手同时屈臂至胸前；然后落回原位，反复练习（见图 4－87、图 4－88、图 4－89）。

图 4－87

图 4－88

图 4－89

（2）双臂上举。身体直立，两手握哑铃于肩两侧；接着双臂同时上举至臂伸直；然后落回原位，反复练习（见图 4－90、图 4－91、图 4－92）。

图 4－90

图 4－91

图 4－92

（3）单臂上举。身体直立，两手握哑铃于肩两侧；接着右臂上举至臂伸直；然后右臂落回原位的同时左臂上举至臂伸直。两臂交替练习（见图 4－93、图 4－94、图 4－95）。

图 4－93

图 4－94

图 4－95

（4）直臂起。身体直立，两手正握哑铃直臂垂于体侧；接着两臂直臂向前平举哑铃与肩同高；然后落回原位。反复练习（见图 4－96、图 4－97、图 4－98）。

图 4-96

图 4-97

图 4-98

（5）侧平举。身体直立，两手正握哑铃直臂垂于体侧；接着两臂直臂向两侧平举哑铃与肩同高；然后落回原位。反复练习（见图 4-99、图 4-100、图 4-101）。

图 4-99

图 4-100

图 4-101

（6）俯身侧平举。身体俯身，两手握哑铃直臂垂于体前；接着两臂直臂向两侧平举哑铃与肩同高；然后落回原位。反复练习（见图 4-102、图 4-103、图 4-104）。

图　4 - 102

图　4 - 103

图　4 - 104

（7）俯身后摆。身体俯身，两手握哑铃直臂垂于体前；接着两臂直臂向后、向上摆起至最大限度；然后落回原位。反复练习（见图 4 - 105、图 4 - 106、图 4 - 107）。

图　4 - 105

图　4 - 106

图　4 - 107

（二）力量训练的注意事项

（1）根据散打技术训练和比赛的需要，运动员必须具备较高的各种力量素质成分水平，不能单一地发展其中某个力量素质成分，应将发展机体局部力量与发展整体力量相结合；将发展大肌肉群力量与发展小肌肉群力量相结合。防止片面性，避免影响和制约其他力量素质成分的发展。

（2）练习中，教练员要将力量练习与专项技术练习相结合，合理安排练习内容。

（3）科学合理调整和安排运动负荷。如发展极限力量的训练，要安排负荷强度大，重复次数少的练习；发展爆发力的训练，要求运动员在最短的时间内完成动作；发展力量耐力的训练，要安排负荷强度小，重复次数多的练习。

（4）准确把握力量练习间歇时间，为下一个练习做好准备。

（5）为防止肌肉僵硬，有效提高肌肉弹性，力量练习之后，要做好肌肉的放松调整，尤其是进行强度较大的力量练习后，更应注重对肌肉的放松调整过程。安排好力量性练习与其他性质的练习以及放松练习的交替。

三、速度训练

速度训练能提高运动员的反应速度和动作速度。根据散打运动特点，在散打比赛实战中，运动员的速度能力对发挥技、战术水平起着决定性的作用。散打运动员的速度训练目的，是培养运动员快速完成动作的能力，要求运动员能最大限度地表现出速度素质。

（一）速度训练的主要方法

1. 反应速度训练

散打运动员的反应速度分为简单反应速度和复杂反应速度。散打训练中，运动员对特定动作、信号做出相应反应的快慢是简单反应速度；散打训练或比赛中，运动员对对手动作的变化做出相应动作的反应快慢是复杂反应速度。受遗传因素影响，运动训练不能改变运动员的反应速度，但能把由遗传因素决定的最高反应速度潜力充分调动出来，并达到稳定。反应速度训练常采用的方法：

（1）信号反应。利用口令、手势、喂引等动作，让运动员以最短的时间迅速做出指定的相应动作。

（2）喂靶反应。对拳法、腿法采用多方位、多角度的不同距离喂靶。

(3) 攻防反应。一方按指定动作进攻，另一方迅速做出防守或防守反击动作。

2. 动作速度训练

散打比赛要求运动员具有很高的动作速度能力。动作速度是散打运动员完成单个动作的时间长短，如运动员出拳或出腿的动作速度。动作速度一般由运动员的速度素质、力量、耐力、协调性所决定，因此提高动作速度，必须发展相应的运动能力。动作速度训练常采用的方法：

(1) 重复法。通过规定最高速度指标并变换练习程序进行训练。教练员应常采用运动员不习惯的动作进行速度练习。练习中要求运动员最大限度的发挥动作速度，采用变换练习程序的方法，促进各速度之间产生最大可能的转移。减少因技术动作定型影响速度的提高。

(2) 重量变化法。运动员负重进行练习，重量由重到轻，这种方法在训练学中叫做后效作用，可以提高动作的加速度和工作力量。

(3) 测验法。设定实战场景，提供比赛机会，对运动员提出实战目标、要求，强调测验重要性，激发、调动运动员实战热情，鼓励运动员发扬场上良好的赛风。以此提高动作速度的练习效果。

（二）速度训练的注意事项

(1) 根据散打运动特点，要全面发展反应速度、动作速度和位移速度，尤其要重视发展反应速度。

(2) 动作的速度，决定于运动员中枢神经系统的灵活性，以及运动员的力量、柔韧、灵敏、协调、和速度耐力等因素。因此需重视发展其他的相关素质，以促进速度素质的提高。

(3) 速度训练，要求运动员必须在积极的状态下进行，才能达到预期的训练效果。运动员只有精力充沛，以饱满的热情投入练习中，才能形成快速动作的条件反射。运动员在身体疲劳，情绪低落时进行速度练习，容易出现伤害事故，长期如此练习，还会形成慢速动力定型。

四、耐力训练

耐力素质是散打运动员能否在比赛中以充沛的体力保证技、战术的运用和发挥，顺利完成最终比赛的关键。耐力训练能提高运动员长时间肌肉持续工作的能力，它包括有氧耐力训练和无氧耐力训练。有氧耐力是机体在有氧供能状态下持续工作的能力。高水平的有氧耐力有助于散打运动员进行大运动量负荷训练，抵抗疲劳、快速恢复。无氧耐力是机体在无氧供能状态下持续工作的能力。高水平的无氧耐力有助于保证技术动作不变形。

（一）耐力训练的主要方法

1. 有氧耐力训练

该方法主要采用强度小、负荷时间长的各种练习。心率控制在150次/分左右，时间保持在30分钟以上。如：反复跑、较长距离的长跑、变速跑、跳绳等。

2. 无氧耐力训练

该方法主要采用练习密度大、负荷时间短、间歇时间短的各种练习。如限制时间规定组数的空击、打沙包和实战等。训练中要逐渐增加重量、数量、次数，提高强度和缩短间歇时间。

（二）耐力训练的注意事项

（1）根据散打运动激烈、对抗性强、强度大、比赛时间长的特点，教练员应根据运动员的身体训练情况，科学、合理安排有氧耐力训练和无氧耐力训练。

（2）结合散打技术，在进行一般耐力训练的同时，还应加强散打所需的专项耐力训练。

（3）散打比赛不仅要求运动员有很高的有氧耐力水平，还要求有很高的无氧耐力水平。因此必须通过多种训练方法与手段，以达到全面提高运动员耐力水平的目的。

（4）按照训练计划、目标和任务，科学、合理安排练习的强度、数量、重复次数、间歇时间、休息方式等。

（5）耐力素质训练不仅对运动员进行身体训练，还需要运动员具备良好的意志品质，才能达到预期的训练效果。因此，在训练中，教练员一定要注重培养运动员不怕苦、不怕难，勇敢顽强、持之以恒、坚韧不拔的意志品质。

五、灵敏性训练

灵敏性反应运动员的反应速度、动作速度、协调能力。灵敏性训练能提高运动员在短暂时间内准确、迅速、灵活的支配身体位移的能力。

（一）灵敏性训练的主要方法

（1）躲闪垒球。一人或多人用垒球投向运动员的身体各部位，运动员躲避垒球练习。

（2）“喂引”闪躲。一人或多人做各种进攻动作，运动员做躲闪练习。

（二）灵敏性训练的注意事项

（1）灵敏训练要紧密结合散打运动项目的专项特点，合理安排训练内容。保证灵敏性训练效果与散打项目要求相一致。

（2）散打比赛瞬息万变，对运动员灵敏性的要求也很高，因此，灵敏性训练采取的方法与手段要经常变换，避免单一性。

（3）灵敏性对掌握和改进技术动作起着非常重要的作用，要加以重视。灵敏性训练不仅在基础练习阶段要大量安排，而且在整个练习过程中都要注重。

（4）灵敏性的练习，可与发展其他素质的练习同时进行。

（5）散打运动对抗性强，比赛激烈。运动员只有在心理素质良好的状态下练习灵敏性，才能收到良好的效果。因此，教练员要注重培养运动员勇敢顽强、敢于拼搏、不怕困难的心理素质。在练习前，运动员要尽可能消除紧张、恐惧心理。

第二节　基本动作训练

散打的基本动作，主要有拳法、步法、腿法、跌法等。常采用的练习方法有原地空击、行进间空击、对镜空击、打固定靶等。通过不断的练习，使运动员逐渐掌握动作的练习方法、要领、要求及组合动作的协调配合，并达到动力定型。基本动作训练内容要根据运动员训练水平循序渐进，不断提高。同时，训练中要注重培养运动员良好的的意志品质和必须具备的心理素质，为顺利实施技术训练打下坚实基础（训练的具体内容参见第二章）。

第三节　基本技术训练

散打的基本技术，主要有进攻技术、防守技术、摔法技术、防守反击技术等。常采用的练习方法有主动打喂、信号“喂引”、靶位“喂引”等。通过练习，使运动员不断提高动作运用的时机、距离、角度的准确性，并达到动力定型。基本技术训练内容要根据运动员训练水平循序渐进，不断提高。同时，训练中要注重培养运动员的集体主义精神和团结协作的良好品质。这样才能为顺利实施技、战术打法的训练打下坚实的基础（训练的具体内容参见第二章)。

第四节　基本战术训练

散打战术，是根据比赛双方的具体情况，为战胜对方而采取的合理有效的计策和方法。散打战术只有在运动员具有很高的技能、体能、心理素质的基础上，才能得以更好地运用。在比赛中，散打战术的准确运用，能为自己创造有力的态势和主动性，扬长避短，有效抑制对方。在双方实力相当的比赛中，正确地运用战术对于夺取比赛胜利起着决定性的作用。

一、战术的原则

战术的原则，是指制定战术计划、实施战术所必须遵循的准则。

(一) 按对方的技术状况设计战术

在比赛前、比赛中，尽可能多地了解对方技术的优点和弱点，如对方的攻击实力及得分段的情况；对方善用的拳、腿、摔、组合等动作情况；对方防守的弱点等，从而根据对手的实际情况，制定自己的战术，发挥自己的优势，以长制短。

(二) 按对方的动态类型设计战术

不同的运动员有不同的动态类型，有的是技术型运动员，擅长发挥自身良好的技术优势，得分战胜对手；有的是力量型运动员，进攻时擅长利用自身强大的力量优势，得分战胜对手；有的是速度型运动员，擅长发挥自身良好的速度优势，得分战胜对手；有的是静力型运动员。总之，在比赛前、比赛中，及时准确了解对方属于哪种动态类型，根据对方特点，制定相应战术。

(三) 按对方的攻防类型设计战术

运动员的攻防类型通常有三种，在比赛前、比赛中，尽可能地了解对方的进攻类型是属于主动进攻为主的进攻型，还是防守反击为主的防守型，或是能攻能守的综合型。对待不同的对手，应制定不同的战术，采取不同的战术打法。

（四）按灵活多变的原则设计战术

散打比赛复杂多变，对抗激烈，虽然已了解对手状况，但还要做好多方面准备。运动员应多设计几种战术形式，并考虑相互之间的衔接和配合。一旦预先设计的战术在比赛中未能奏效或被对方识破，就可以根据对方的情况灵活巧妙地变换战术，这样才能应对不同的打法。

（五）按心理素质设计战术

在比赛前、比赛中，及时了解对方的心理状况，尽可能具体了解对方的意志品质、心理承受能力、控制能力、神经类型等。有的运动员心理素质好，敢打敢拼，即使自己处于不利情况下，依然能从容应对；有的运动员心理素质不好，即使自身技术好，占优势，但在比赛中有可能因为紧张、恐惧等因素，不能发挥出技术优势，最终败给对手。因此要抓住对方心理的不足，有针对性地制订合理战术方案。

（六）按身体素质设计战术

不同的运动员，身体素质各有不同，主要表现在速度、力量、耐力、柔韧、协调、灵敏等方面，在比赛前、比赛中，尽可能地了解对方的身体素质优势与劣势，根据对方情况，制订有效战术方案。

二、战术形式

（一）强攻战术

强攻战术是强行突破对方的防守动作，然后向对方进攻。运用强攻战术应具备的条件：

（1）素质好，技术全面，但经验比对方差。

（2）素质好，但技术比对方差。

（3）对方的耐力较差。

（4）对方防摔能力较差。

（5）比赛失分，时间快结束时。

（6）对方心理素质较差。

（二）抢攻战术

抢攻战术，是没有假动作的情况下直接攻击。运用抢攻战术应具备的条件：

（1）对方反击动作不熟练。

（2）对方速度素质比我方弱。

（3）对方的防守出现漏洞。

（4）比赛失分，时间快结束时。

（5）对方体力不足。

（三）制长战术

制长战术是运动员采用合理的方法限制对方技术优势的发挥。这种战术在比赛中较为常见。每一名运动员都有自己的技术特长优势，并且主要依靠特长优势得分，取得比赛胜利。如果一方能制定合理战术，通过技术打法，破坏、限制对方特长的发挥，这就为自己取得比赛胜利争取主动。

（四）制短战术

制短战术是采用打法专门进攻对方技术薄弱环节。在比赛前、比赛中运动员一定要尽可能准确了解对方的长处和短处，抓住对方的短处，集中力量攻击对方的弱点。当然，为防止对方察觉自己的战术意图，根据情况，也要善于变换不同的打法。

（五）迂回战术

迂回战术是利用步法的移动从侧面进攻对方。当遇到速度快、力量大、正面进攻强，或者正面防守强的对手，合理采用迂回战术能起到良好的效果。迂回战术的运用，不仅要把握好进攻时机，移动的距离、方向和角度，而且要步法灵活、身体位移具有突变性。

（六）诱击战术

诱击战术是先采用各种手段用虚假动作使对方产生错觉，再实施真实进攻。诱击战术是最常见的一种战术形式。当遇到双方实力相当的情况，尤其是遇到防守能力强、动作反应快的运动员，更应采用真真假假、指上打下、指左打右的方法，破坏对方的正确判断，使对方误入歧途，再乘机进攻对方的空当部位。

（七）多点战术

多点战术是进攻方法和进攻点不断交叉变换，全方位地攻击对方。当遇到水平较高的对手，若采用单一的进攻方法，很有可能达不到预想的效果。最好采用多点战术，运用拳、腿、摔各种方法，向上、下、左、右、正面、侧面多点进攻，不断转换动作，变化方向，分散对方的防守注意力，取得主动。

（八）突袭战术

突袭战术是针对对方无意识表现出的习惯性动作，抓住时机，运用合理方法进攻对方。在比赛中，有的运动员会表现出自己习惯性动作，对方只要善于用心观察，及时把握时机，突然发起进攻，就可达到进攻效果。

（九）重创战术

重创战术是用力量打击对方，削弱其攻击能力。采用这种方法的运动员需要具备一定的身体和技术条件。在规则允许的情况下，运动员要努力制造或寻找时机，及时、果断、准确地使用重拳或重腿攻击对方，使其因此产生不良情绪，失去信心，最终取得比赛胜利。

（十）边角战术

边角战术是利用对方在擂台边缘、擂角怕掉下擂台的心理而采用的打法。在比赛中，对方有时会退到警戒线附近或擂角处，这时会造成心理恐惧，怕掉下或被对方打下擂台，这时容易造成技术动作失调，出现漏洞，如能抓住这一时机进攻，成功的可能性较大。但一定要采取合理方法，避免自己掉下擂台。比赛中，也可采用有效方法，有目的的将对方逼近警戒线附近或擂角处，为自己下一步进攻提供时机。

（十一）下台战术

下台战术是迫使对方下擂台的打法。当对方已经退到警戒线附近时，采用方法堵住对方两侧去处，逼打对方下擂台；或当对方已经退到警戒线附近时，借用对方的冲力，顺势将其牵引下擂台；或运用步法的紧逼迫使对方退至擂台警戒线，然后寻找机会逼打对方下擂台；或自己后退引诱对手进攻，从而借力使对方攻击落空而下擂台。这种战术主要用于对付训练水平低、擂台比赛经验较少的对手，或者自己处于弱势需孤注一掷时。

（十二）心理战术

心理战术是采用一些特定的方式和措施，给对方心理制造压力，使其处于心理不稳定状态，不能正常发挥技术水平的手段。比赛前隐瞒实力，比赛中有意暴露破绽，激怒对方、麻痹对方等方法，造成对方麻痹大意、急躁、恐惧等心理状态，由此丧失信心，失去拼搏意志，败给对手。

三、战术形成的条件

身体训练水平、基本技术训练水平和心理素质训练水平等都是散打运动员战术形成的基础。只有更好地提高运动员的身体训练、基本动作训练、基本技术训练，培养运动员敢打敢拼、吃苦耐劳、不畏艰难的意志品质，以及沉着冷静、灵敏果断的良好心理素质，才能在实战练习中形成战术意识，并在比赛中运用战术，掌握主动。

通过观看散打现场比赛或录像片，加强对运动员的战术训练。教练员要善于引导运动员分析、总结战术的运用，注重培养运动员的预见能力、应变能力以及制定战术打法的能力。

四、战术意识的培养

散打运动员在比赛中实施战术行动，是受战术意识所支配。战术意识的培养，与运动员的思维活动有着密切的关系。运动员战术意识水平高低取决于运动员思维活动的灵活性、预见性和创造性。战术意识的培养主要包括，应使运动员认识到战术的重要意义；了解制定战术的原则及战术形式的外在表现；逐渐培养运动员分析问题和解决问题的能力；通过观看散打现场比赛或录像片，帮助运动员提高战术意识。

五、战术训练要求

（1）教练员要高度重视对运动员战术意识、战术运用能力的培养。

（2）基本动作、基本技术训练要与多种复杂战术训练相结合。

（3）培养运动员的应变能力，以随时根据比赛场上变化调整战术打法。

（4）战术训练要与智力训练、身体训练、基本动作训练、基本技术训练、心理训练相结合。

（5）应使运动员懂得每一种战术打法的作用和实战运用措施。

六、战术与意志

随着散打运动的迅速发展，各运动队的训练水平不断提高，运动员的技术水平也越来越高。比赛的激烈性、对抗性的加强，对运动员在技术、战术、生理、心理等方面的要求也越来越高。即使是高水平运动员，或是多年的全国冠军，在比赛中也会遇到不同的困难，要克服这些困难，需要顽强的意志品质、努力拼搏的精神才能取得比赛的胜利。因此，在散打比赛中，运动员要实施战术战胜对手，必须要有顽强的战斗意志。

七、战术与心理

战术的制定与运动员心理状态是紧密相关的。如果运动员有心理不良因素，如恐惧、焦虑不安、害怕比赛失败、对自己没有信心等，教练员一定要与运动员耐心交谈，找出原因，帮助运动员正确认识对手与比赛。无论对手实力如何，都应该坦然面对，做好充分心理准备，制订切实可行的战术方案，重新树立信心，消除不良心理因素，胜不骄，败不馁，勇敢拼搏到底。否则，不良心理因素会严重影响运动员水平的发挥。

第五节　心理训练

心理训练是通过各种手段，有意识地对运动员的心理和个性特征施加影响，使运动员学会调节和控制自己心理状态的各种方法，具备散打运动所需的良好心理素质，为获得训练最佳效果和创造优异成绩做好各种心理准备。心理训练的目的是培养运动员形成稳定的心理状态，以适应散打激烈的对抗性比赛和高强度的训练。心理训练分为一般心理训练、赛前心理训练和赛后心理训练。

一、一般心理训练

一般心理训练是在平时的运动训练过程中培养和发展运动员为提高运动技术水平所必需的各种心理素质和心理能力的训练过程。它具体包括培养运动员所需的能力、气质、兴趣、爱好等个性心理特征；提高专项注意力，包括注意力的范围、注意力的转移、注意力的分配、注意力的集中、注意的稳定等；发展运动员专项所需的运动表象、感觉知觉、想象力、形象思维和意志品质等。

二、赛前心理训练

赛前心理训练是在比赛之前的较短时期内使运动员学会自我调节和控制心理状态的方法，加速形成赛前最佳竞技状态的心理训练过程。赛前心理训练可安排在散打比赛前一个月开始进行。在一场比赛前或是局间休息时间也可进行心理训练，以稳定其心理状态。它具体包括使运动员明确比赛的任务，激发良好的比赛动机，树立夺取比赛胜利的信心；使运动员掌握心理训练方法，学会调节和控制自己的情绪，消除不良心理障碍，形成最佳赛前状态；培养运动员在比赛中面对复杂多变的情况时，始终能保持积极稳定的心理状态，发挥最佳技、战术水平。

三、赛后心理调节

赛后心理调节也是心理训练的重要组成部分。尤其是对于散打运动项目，运动员经过高强度、激烈的对抗比赛之后，身心达到极度疲劳的状态，同时也承受着比赛成功或失败给运动员带来的心理变化。因此，散打赛后心理调节尤为重要。对于比赛成绩好的运动员，一方面要肯定运动员的优点，另一方面还要帮助运动员分析总结有无不足，今后需要如何进一步提高技、战术水平。同时还要使运动员正确对待成功，避免骄傲自满情绪的产生。对于比赛成绩不好的运动员，教练员一方面要帮助运动员分析、找出比赛失败的原因，另一方面还要使运动员正确面对失败，消除因比赛失败造成的不良心理影响，同时还要鼓励运动员今后努力训练，改进不足，树立其信心，争取下一个比赛取得好成绩。

第六节　实战训练

实战训练是教练员将运动员合理配对，并根据本阶段的训练任务安排的专门训练。实战训练按照散打竞赛规则的要求进行。实战训练中，教练员可在旁边随时现场指挥。为了让运动员对自己的实战发挥情况有正确的认识，可以现场拍摄录像，训练结束后，通过观看实战录像，分析、总结运动员技、战术水平发挥情况，及时找出优点与不足，以便今后改进与提高。此外，散打比赛体力消耗大，为了能使运动员保持充足的体力坚持到比赛结束，实战训练可以通过增加每场局数或延长每局时间的方法，提高实战耐力。

实战训练能加强运动员对掌握的技、战术的实际运用能力，培养丰富比赛经验及良好、稳定的心理状态，磨炼意志，为今后比赛打下坚实基础。

第七节 功力训练

一、打击力量训练

（一）打沙包练习

打沙包练习是利用沙包作为击打目标的一种练习形式。打沙包是散打教学，尤其是散打训练中常采用的练习方法之一。它对于提高动作打击力度、连续攻击的频率、近距离组合技术攻击能力和专项耐力效果显著。

1. 打沙包练习的注意事项

（1）打沙包练习一定要根据练习的目标，与实战需要相结合，合理安排练习内容，避免练习与实战脱节。

（2）练习时，要注意把握动作方法的准确性与合理的发力顺序，避免关节韧带损伤。

（3）打沙包时，要结合实战，调整好击打目标的距离、节奏、方位等。

（4）沙包的松软要适度，不宜过硬。打过硬的沙包，会影响练习的爆发力。

2. 打沙包练习的主要方法

以下练习均从实战姿势开始，动作练习方法参见第二章第一节“散打的基本动作和练习”中的拳法和腿法。

（1）拳法。

①实战姿势（见图 4－108）。

图 4－108

②左冲拳（见图 4－109）；右冲拳（见图 4－110）。

图 4－109

图 4－110

③左掼拳（见图 4－111）；右掼拳（见图 4－112）。

图 4－111

图 4－112

④左平抄（见图 4－113）；右平抄（见图 4－114）。

图 4-113

图 4-114

⑤左上抄（见图 4-115）；右上抄（见图 4-116）。

图 4-115

图 4-116

⑥左斜抄（见图 4-117）；右斜抄（见图 4-118）。

图 4-117

图 4-118

⑦左鞭拳（见图 4-119、图 4-120）。

图 4-119

图 4-120

⑧右鞭拳（见图 4-121、图 4-122）。

图 4-121

图 4-122

（2）腿法。

①左蹬腿（见图 4-123、图 4-124、图 4-125）。

图 4-123

图 4-124

图 4-125

②右蹬腿（见图 4－126、图 4－127、图 4－128）。

图 4－126

图 4－127

图 4－128

③左踹腿（见图 4－129、图 4－130、图 4－131）。

图 4－129

图 4-130

图 4-131

④右踹腿（见图 4-132、图 4-133、图 4-134）。

图 4-132

图 4-133

图 4-134

⑤左横踢腿（见图 4－135、图 4－136、图 4－137）。

图　4－135

图　4－136

图　4－137

⑥右横踢腿（图 4－138、4－139、4－140）。

图　4－138

图 4-139

图 4-140

（二）打、靠撞木桩训练

打、靠撞木桩是武术的一种传统训练手段。这种练习对提高运动员的打击力量，增强其抗击打能力有明显的效果。

取长约 2 米、直径约 30 厘米的圆木，将一端植入地下（或以树代桩），在其外层包裹软垫，避免皮肤受伤。木桩相对较硬，缓冲较差，如练习不当，容易造成肌肉或关节损伤。因此练习一定要循环渐进，力量要由小到大，由轻到重。打木桩练习的主要方法如下：

1. 脚踢木桩

运动员以实战姿势面对木桩，左腿微屈支撑，身体稍右转；右腿微屈提起，膝外展，勾脚，用脚弓内侧磕击木桩下部约 30 厘米高处；同时左臂内旋，横掌前伸，以掌外沿推击木桩上部（见图 4-141）。

图 4-141

2. 勾踢木桩

运动员以实战姿势面对木桩，距桩约一臂距离；左腿屈膝支撑，身体左转，带动右腿微屈提起，勾脚；以脚弓内侧由后向前成弧形勾踢木桩的根部；同时右臂前伸，以掌或前臂向勾踢的相反方向切击木桩（见图 4-142)；也可以以人代桩练习（见图 4-143)。

图 4-142

图 4-143

3. 左腿蹬木桩、右腿蹬木桩

运动员以实战姿势面对木桩，动作练习方法参见第二章第一节“散打的基本动作和练习”中的蹬腿动作（见图 4-144、图 4-145)。

图 4-144

图 4-145

4. 左腿踹木桩、右腿踹木桩

运动员以实战姿势面对木桩，动作练习方法参见第二章第一节“散打的基本动作和练习”中的踹腿动作（见图 4－146、图 4－147）。

图 4－146

图 4－147

5. 左侧弹腿踢木桩、右侧弹腿踢木桩

运动员以实战姿势面对木桩，动作练习方法参见第二章第一节“散打的基本动作和练习”中的侧弹腿动作（见图 4－148、图 4－149）。

图 4－148

图 4－149

6. 左推掌击木桩

运动员以实战姿势面对木桩，身体稍右转；同时左拳变掌并以掌根为力点向前猛力推出击打木桩（见图 4－150）。

7. 右推掌击木桩

运动员以实战姿势面对木桩，身体稍左转；同时右拳变掌并以掌根为力点向前猛力推出击打木桩（见图 4－151）。

图 4－150

图 4－151

8. *左砍掌击木桩*

运动员以实战姿势面对木桩，身体稍右转；同时左拳变掌，五指并拢，腕关节挺直，掌心向上，左臂由屈到伸，用掌外沿向前斜下方砍击木桩，力达掌外侧（见图 4－152）。

9. *右砍掌击木桩*

运动员以实战姿势面对木桩，身体稍左转；同时右拳变掌，五指并拢，腕关节挺直，掌心向上，右臂由屈到伸，用掌外沿向前斜下方砍击木桩，力达掌外侧（见图 4－153）。

图 4－152

图 4－153

10. 肩髋靠撞木桩

肩髋靠撞木桩的练习是以木桩代人进行的一种练习方法。肩髋靠撞木桩动作与“两人肩髋靠撞”练习相同（见图 4－154、图 4－155、图 4－156）。

图　4－154

图　4－155

图　4－156

11. 臂靠木桩

臂靠木桩的练习是以木桩代人进行的一种练习方法。与“单人磕臂”“双人磕臂”以及“双人三靠臂”练习动作相同（见图 4－157、图 4－158、图 4－159、图 4－160、图 4－161、图 4－162）。

图　4－157

图　4－158

图　4－159

图 4-160

图 4-161

图 4-162

二、抗击打力训练

抗击打力是人体对外界击打的承受能力。散打运动既激烈，又有很强的对抗性，在比赛中，无论运动员的水平高低，遭到对方的打击是难免的。因此，散打不仅要求运动员具有良好的身体素质、技术水平、战术水平、心理素质等，还需要其有很强的抗击打能力。否则有可能因为遭受一次重击，导致运动员出现心理障碍或技术发挥失常。

抗击打力训练是散打独特的练习形式，是为了提高运动员的抗击打能力进行的专门训练。它能使运动员的骨骼变得坚硬、粗壮。

（一）手臂训练

手臂是防守的主要部位之一。

要求：练习时一定要循序渐进，用力由轻到重。训练结束后要及时按摩或热敷打击部位，以便消除淤血。

1. 棒击手臂练习

运动员手持一根小木棒，磕击自己前臂的尺、桡骨侧（见图 4-163）。

2. 自我磕臂练习

运动员双手握拳，两臂稍屈肘交叉于体前；然后两臂上下相互磕碰，交换反复练习（见图 4-164）。

3. 两人靠臂练习

运动员面对面站立，相距约一臂距离；双方同时左转体，带动右臂前摆相磕于腹前；然后同时向右侧转体，右臂收回磕左臂，交替反复练习。

图　4－163

图　4－164

4. 两人三靠臂练习

参见第二章第三节“散打的防守技术和练习”中的“三靠臂练习”（见图2－230、图2－231、图2－232、图2－233）。

（二）靠背训练

在实战中，运动员要承受对方打击和参与防守，靠背练习能提高运动员的抗击打能力。

要求：重心要稳，相撞瞬间全身肌肉保持紧张，避免内脏受到强烈震动。

运动员背对墙或者沙包、树桩等物体，或两人背对背相距约半臂距离。两腿微屈开立，两臂屈肘抱于胸前，含胸，背部肌肉保持紧张；然后蹬腿，重心后移，用背部撞击（见图4－165、图4－166）。

图　4－165

图　4－166

（三）拍打训练

拍打训练是通过自我或互相拍打，提高运动员身体各部位的抗击打能力。拍打训练主要拍打人体的要害或容易受伤的部位，如头部、腹部、胸部、肋部等。

要求：练习时，要根据受击一方的身体承受能力，循序渐进。尤其拍打人体要害部位时，一定要适度，避免受伤；运动员在被拍打的瞬间，全身肌肉一定要保持紧张状态，并与呼吸协调配合。

人体躯干部位目标最大，也是对手进攻的主要部位，因此，提高这些部位的抗击打能力尤为重要。拍打躯干主要采用的练习方法如下：

1. 自我拍打

运动员先用拳掌击打自己的胸部、腹部、肋部等部位，随着训练水平的提高再逐渐过渡到借助外力的对抗性训练。自我拍打主要针对训练的初级阶段。

2. 两人互相击打

甲乙运动员面对面开步站立（或面对面做马步桩），甲方双手握拳，体前屈臂；乙方用拳击打甲方胸部、腹部，并用前臂抡击其肋部（见图4－167、图4－168、图4－169、图4－170）。

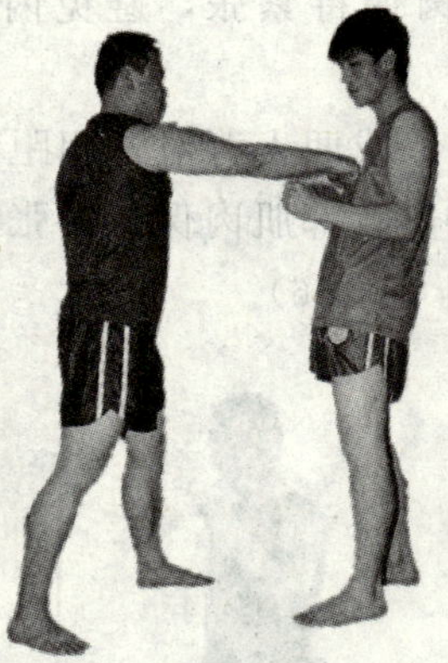
图 4－167

图 4－168

3. 两人互相踢击

甲乙运动员面对面或侧向站立，甲方五指交叉抱于脑后（或两手握拳，双臂屈肘举于体前）；乙方可分别用蹬腿、横踢腿、侧弹腿等腿法踢击甲方的胸部、肋部、腹部、背部（见图4－171、图4－172、图4－173、图4－174、图4－175、图4－176）。

图　4－169

图　4－170

图　4－171

图　4－172

图　4－173

图　4－174

图 4－175

图 4－176

第八节 武术基本动作训练

武术基本动作训练，对于散打运动员学习和掌握散打的基本动作和技术，提高训练水平，防止伤害等方面具有积极的促进作用。武术基本动作训练，对处于初级阶段的散打运动员非常重要。以下内容详细介绍武术练习的基本动作。

一、正踢腿

两脚并立，两手立掌或握拳，两臂侧平举；左脚向前上半步，左腿支撑，右脚脚尖勾起向前额处猛踢；两眼平视前方。左右腿交替练习（见图4－177、图4－178）。

图 4－177

图 4－178

要求：上体要挺胸、直腰；踢腿时两腿膝关节绷直，要用猛力的收髋、收腹带动踢腿加速。

二、斜踢腿

两脚并立，两手立掌或握拳，两臂侧平举；右脚向前上半步，右腿支撑，左脚脚尖勾起向异侧耳际猛踢；两眼平视前方。左右腿交替练习（见图 4－179）。

图 4－179

三、侧踢腿

两脚并立，两手立掌，两臂侧平举；左脚向右前方上半步，脚尖外展，右脚脚跟稍提起，身体略左转，右臂前伸，左臂后举；随即右脚脚尖勾起向右耳侧踢起，同时左臂屈肘上举亮掌，右臂屈肘立掌于左肩前；两眼平视前方。左右腿交替练习。踢左腿为左侧踢；踢右腿为右侧踢（见图 4－180、图 4－181）。

图 4－180

图 4－181

要求：挺胸、直腰、展髋、侧身，要用猛力的收腹带动踢腿。

四、外摆腿

两脚并立，两手立掌或握拳，两臂侧平举；左脚向左前方上半步，右脚尖勾起向左侧上方经面前向右侧摆动，直腿落在左脚旁；两眼平视前方。右摆腿时右掌也可在右侧上方与右脚击响。左右腿交替练习（见图 4－182、

图 4－183）。

图　4－182

图　4－183

要求：挺胸、塌腰、松髋、展髋。外摆路线成扇形，幅度要大。

五、里合腿

两脚开立，两手立掌或握拳，两臂侧平举；左脚向左前方上半步，右脚脚尖勾起内扣并向右上方踢起，经面前向左侧直腿摆动，落于左脚外侧；两眼平视前方。右摆腿时左手掌也可在左侧上方迎击右脚掌击响。左右腿交替练习（见图 4－184、图 4－185）。

图　4－184

图　4－185

要求：挺胸、直腰、松髋、合髋，里合路线成扇形，幅度要大。

第九节 散打运动的损伤及其预防

一、散打运动中的常见损伤与处理

散打是一项激烈的对抗性比赛，散打运动的特点决定了散打运动员在训练和比赛中发生损伤的概率较高。如果出现运动损伤，就会影响运动员进行正常的训练或比赛，影响技、战术水平和运动成绩的提高，严重的还会缩短运动寿命，甚至断送运动生涯。可见，在散打运动中，运动损伤的防治是非常重要的。

教练员和运动员都必须了解散打运动损伤发生的规律及原因，提前做好预防措施，尽可能减少或避免运动损伤。同时掌握运动损伤的处理及救治方法，使伤者能及时得到临场处理。

（一）擦伤

擦伤在散打训练中较常见，运动员在踢、打靶或互相对抗时，皮肤浅层受到摩擦、撞击、牵拉而受伤，如手、臂、脚背、面颊、口、眼、鼻等都有可能出现擦伤。为了避免或减少擦伤，运动员在训练或比赛前，一定要充分做好准备活动，训练前要检查器械是否有破损或异物。

擦伤的处理方法：擦伤面积较大，用2.5%的碘酒和75%的酒精在伤口周围消毒，再用生理盐水棉球清除伤口异物，然后用绷带包扎；如果擦伤面积较小，可用0.1%的苯扎氯铵溶液涂抹。

（二）软组织损伤

软组织损伤出现在皮肤无开裂的肌肉表层或肌肉深层处，多发于胸部、腹部、腿部、睾丸、臂部等部位。肌肉表层损伤会出现损伤处疼痛、红肿或表现紫色；肌肉深层损伤会出现剧烈疼痛、血肿、肌纤维破裂。

软组织损伤的处理方法：在损伤出现肿胀前，用凉水或冷镇喷雾剂冷却，也可以用弹性绷带加压包扎，以缓解肿胀。如出现肌腱断裂时，应将肢体包扎固定后及时送医院治疗。

（三）关节脱臼

运动员在散打训练或比赛中，如使用冲拳、掼拳用力空击或倒地自我保护动作不当时，可能造成肘、肩关节脱臼，骨头从关节囊中脱出，出现疼痛、肿胀甚至功能丧失等现象。

关节脱臼的处理方法：①用牵引屈肘法使肘关节复位。让伤者坐好，两人配合进行，一人站在伤者背后，用手握住伤者伤肢上臂，另一人一手握住伤肢手腕部，另一手拇指抵住伤者尺骨鹰嘴部，两人对抗牵引数分钟后，再逐渐弯曲伤者肘关节，方可复位。然后将伤者肘关节弯曲90°位置固定，并用三角巾悬挂伤肢于胸前。②用手牵足蹬法使肩关节复位。让伤者仰卧，复位人坐在伤者侧面，双手握住伤肢手腕部位，并将足底伸至伤侧腋下（左肩用左足，右肩用右足），蹬住伤者的胸部，缓缓拉伤肢，同时逐渐向外旋转，方可复位。

（四）骨折

运动员在互相对抗时，由于防守不到位，头部、躯干受到重击，或失去平衡倒地后自我保护不当等，都有可能造成骨折。骨折分为开放性骨折和闭合性骨折。如果出现骨折，应立即将肢体包扎固定后送医院治疗。

骨折的处理方法：对开放性骨折的伤者，先进行止血，伤口消毒，用消毒巾包扎，做好临时固定，然后立即送医院治疗；对闭合性骨折的伤者，应立即对伤者进行整复手术。整复手术越早，组织出血和肿胀还未达到最严重程度，越容易复位。整复后用夹板固定。对于较复杂的伤情难以固定时，可缓缓顺势牵拉，之后再固定，然后立即送医院治疗。切记伤处未经固定处理，不能搬动。

（五）神志不清与休克

在实战训练或比赛中，当运动员头部、颈侧、腹部、裆部受到重击，或被摔倒后头部、内脏受到剧烈震荡时，运动员会出现面色苍白、四肢冰冷、血压下降、神志不清、身体摇晃、动作失调等现象，严重时可能会出现休克。

神志不清与休克的处理方法：当运动员头部受到重击而倒地不起，或站不稳时，检查伤者瞳孔，瞳孔一大一小，则判断是脑震荡，应送医院治疗。在此期间，对昏迷不醒者，可掐其人中、足三里、百会、内关等穴位。当运动员颈动脉受到重击而休克，处理方法与上述相同。当运动员腹部受到重击时，也有可能出现暂时性休克，但此时意识清楚，如短时间休息后，能很快恢复，则可继续比赛。如仍有不适，应立即送医院治疗。当运动员裆部受到重击，可一人抱伤者腰部，伤者自己托住裆部向上跳以缓解伤情，如伤情严重，要检查外部是否出血，睾丸是否进入腹腔，如有这些情况应立即送往医院治疗。当运动员昏迷时间在5分钟以上，清醒后头晕、恶心、呕吐剧烈、两瞳孔变形或不对称，清醒后有颈项僵直或出现第二次昏迷的情况，说明头部严重损伤，应立即送医院急救。在此期间，对昏迷不醒者，可掐人中或嗅以氨水使其苏醒。

处理常见的休克，应让伤者平躺，头侧偏，将伤者躯干抬高10°，下肢抬高20°，不可随意搬动，注意防寒或防暑，并保持伤者呼吸道通畅。如伤者有呕吐物或血块，应及时处理干净。如伤者处于昏迷状态，经检查没有脑震荡，则应立即做人工呼吸，使伤者恢复常态。如伤者已停止呼吸，则应先做人工呼吸，同时肌肉注射尼可刹米。如伤者心跳停止，应立刻进行心脏按压。对重伤者，出现内出血，应立刻内服止血药，伤者外伤出血，应及时进行无菌加压包扎止血，扎住时间较长要松开一下，并尽量抬高出血部位。

二、散打运动损伤的预防

（一）充分做好准备活动

准备活动不充分最容易造成运动损伤。在训练或比赛前，必须安排20～30分钟的时间做准备活动，使各关节、韧带充分活动开，充分调动训练或比赛热情。

（二）科学、合理安排训练

散打运动的对抗性，需要运动员在掌握技术和运用技术的过程中不仅要承受训练中的辛苦，而且还要承受被击打带来的“皮肉之痛”。所以运动员要做好充分准备，克服困难，按照教练员的安排，持之以恒，刻苦训练。如果运动员对训练产生消极情绪，易引起运动损伤。这就要求教练员在训练的安排上科学合理，充分调动运动员的训练热情，不能操之过急。如摔法练习要在倒地的自我保护动作掌握好之后进行，攻防实战练习要在防守动作形成动力定型之后进行，实战要在进攻和防守意识已形成，并具备了打击和抗击打能力之后进行。因此根据具体情况，把握循序渐进的原则，系统地安排训练，才能减少和避免运动损伤的发生。运动员疲劳时也易造成运动损伤，教练员一定要安排好训练强度和运动量。此外由于每个运动员的年龄、素质、基础、水平不同，训练中要遵循区别对待原则，减少损伤发生，保证运动训练的顺利实施。

(三) 认真训练，提高技术水平

散打对抗激烈，不确定因素很多，因此无论对手是谁，训练都必须要认真，始终保持适度的紧张状态，一次放松与疏忽都有可能造成运动损伤。此外，认真训练，提高技术水平，积累丰富的经验和教训，才能在散打实战训练和比赛中降低受伤的概率。

(四) 加强易损伤部位的肌肉力量

腕、膝、踝、指等关节是易受伤部位，也是人体的薄弱部位，加强关节周围肌肉力量练习，能有效预防这些关节的损伤。因此要有意识加强这方面的训练。

(五) 培养运动员良好赛风

教练员一定要培养运动员良好的赛风，使运动员具备良好的心理素质，正确认识比赛的动机，树立自身良好的武德素养。比赛中，运动员要文明礼貌、严格遵守竞赛规则，绝不出现有意击打禁击部位、有意伤害对方的行为。避免故意对他人造成运动损伤或伤害事故的发生。

(六) 加强医务监督

在散打比赛中，必须严格执行国家体育总局武术运动管理中心制定的《武术散打运动员医务监督条例》。在训练中，应加强医务监督，认真检查运动员生理、生化指标，检查伤后、病后恢复情况，并对运动员训练进行控制。运动员在伤病未愈期间一定要调整和休息，不宜参加训练和比赛，否则会使伤病加重或造成新的损伤。教练员和运动员要积极配合医生的工作，尊重医生的意见。

附　录

附录一　散打裁判理论考试模拟试题（1）

一、填空题（每空1分，共计40分）

1. 散打比赛禁用的方法________，________，________。

2. 比赛期间，运动员因________不能参加比赛者，作________，不再参加以后的比赛。

3. 报名70公斤级的运动员体重区间范围是________。

4. 散打比赛的得分部位________、________、________；场裁在执裁时，对判罚拿不准，需征求边裁意见时，边裁应出示三种________、________、________手势。

5. 散打竞赛办法有________赛、________赛、________赛。

6. 在一局比赛中，裁判员的色别牌出现2个平，2个黑，1个红，该局比赛的结果________；判定运动员下台的标准是________、________；强制读秒________次，判对方为该局胜方；8名运动员参赛的单败淘汰赛的场数________及正轮数________；运动员消极8秒，________，________秒钟内仍不进攻，对方得________分；一方使用提腿动作防守时，被击中腿部，对方得________分。

7. 符合击中的三条标准是：________，________，________。

8. 称量体重要在________完成，赛前________召集运动员点名。

9. 比赛结束时，运动员________，宣布结果后，________行抱拳礼，再同时向台上裁判员行抱拳礼，________回礼，然后________行抱拳礼。

10. 作为一名裁判员，应具有良好的________，________；经常研究________，关心散打________。

11. 成年运动员的参赛年龄为________周岁，青年男运动员的参赛年龄为________周岁以下。

二、判断题（对的划√，错的划×，每题1分，共计10分）

1. 红方使用主动倒地动作没有效果时，场上裁判喊“停”后，应宣布比赛继续。（ ）

2. 黑方接住红方的横踢腿后，用拳法击中红方得分部位，不得分。（ ）

3. 一场比赛中红方共3次下台，判黑方为该场胜方。（ ）

4. 黑方使用后扫腿击中红方下肢，边裁应给黑方记1分。（ ）

5. 双方互踢互打时，场裁应远离运动员，以便运动员进行比赛。（ ）

6. 用腿法击中对方的头部上方，得4分。（ ）

7. 运动员使用转身后摆腿击中对方躯干部位，边裁应记4分。（ ）

8. 7人参加的单败淘汰赛应在轮次表的2号位留出轮空。（ ）

9. 运动员被重击倒地不起达10秒，场裁应根据场上运动员使用方法情况给予判罚。（ ）

10. 散打比赛的竞赛性质是团体单败淘汰赛和个人单败淘汰赛。（ ）

三、选择题（每题1分，共计10分）

1. 关于整顿裁判队伍赛风的规定，对裁判员的要求是（ ）。

A. 早睡、早起　　B. 不接受宴请

C. 不许诺、不暗示　　D. 不接受礼金、礼品

2. 在一局比赛中，红方消极搂抱2次，提示2次，劝告2次，对方得（ ）。

A. 2分　B. 6分　C. 4分　D. 3分

3. 红方使用掼拳击中黑方头部，将对方摔倒的同时右手擦地，应判（ ）。

A. 红方得2分　　B. 红方得1分

C. 红方得3分

4. 红方使用摔法，压在黑方身上，黑方单手支撑台下，应判（ ）。

A. 红方得1分　　B. 黑方下台

C. 双方下台　　D. 无效

5. 黑方使用踹腿进攻红方，被红方阻击而击中头部，红方得（ ）。

A. 2分　B. 1分　C. 0分

6. 黑方用拳法击中红方头部，致使红方被强制读秒1次，黑方

得(　　)。

A. 3分　　B. 2分　　C. 1分

7. 黑方使用摔法将红方摔倒，致使红方肩关节脱臼，主裁判应(　　)。

A. 喊医生上台　　B. 读秒

C. 征求裁判长意见

8. 黑方下潜进行搂抱对方的同时，红方使用腿法击中黑方头部，致使黑方被强制读秒，(　　)。

A. 红方得3分　　B. 红方得2分

C. 黑方得2分

9. 黑方小腿被红方拳法击中后，黑方随即拳法击中红方躯干，得分情况为(　　)。

A. 黑方得2分　　B. 红方得1分

C. 双方互不得分　　D. 黑方得1分 红方得1分

10. 红方抱摔黑方，黑方两次用拳明显击中红方背部，应判(　　)。

A. 黑方得2分　　B. 黑方技术犯规

C. 不得分

四、问答题(共计25分)

1. 得1分的条款内容是什么?(6分)

2. 得2分的条款内容是什么?(4分)

3. 得4分的条款内容是什么?(5分)

4. 散打竞赛中的礼节有哪些?(10分)

五、简述竞赛中有关弃权事宜如何处理。(15分)

附录二　散打裁判理论考试模拟试题(2)

一、填空题(每空1分，共43分)

1. 编排工作是比赛__________的保障，是比赛__________的轴心，是比赛__________的保证。

2. 编排工作在赛前要完成______册，赛后要完成______册；为比赛顺利进行要准备各种表格，包括：______表、______表、__

________表、__________表、__________表、__________表、__________表、__________________表等。

3. 符合击中的三条标准是：____________，____________，____________。

4. 运动员资格审查必须携带《________________》、______________证明、______________证明。

5. 散打竞赛性质：________________，______________；竞赛办法：______________，____________。

6. 散打竞赛办法有____________赛、____________赛、____________赛。

7. 武术管理中心每年底制订__________后，拟订____________，由承办单位建立________________，武术中心确定____________。

8. 运动员严禁使用__________，局间休息时不能__________。

9. 轮次表绘制完毕后，首先确定4个数，即：上半区顶部为______，上半区底部为______，相加为______；下半区顶部为______，下半区底部为______，相加为______。

10. 同一级别、同一轮次的比赛尽量在______单元进行；一名运动员，一天最多安排______次比赛（不在同一单元）；同一单元的比赛由体重______级别开始；一个单元的比赛，一般安排______场次；男、女运动员在同一单元，______运动员先赛。

二、判断题（对的划√，错的划×，每题1分，共计15分）

1. 在擂台边，双方运动员抱摔后，先后倒地并抱缠在一起，其中先倒地一方一只脚支撑了台下地面，应判动作无效。（　）

2. 仲裁委员会接受运动队申诉后，经调查确定裁判组错判，可以改判比赛结果，并为最终裁决。（　）

3. 边裁在计分过程中，除自己判定运动员用踢打动作得分外，其他得分应以台上裁判员的手势和口令为准。（　）

4. 红方使用主动倒地动作没有效果，场裁发出“停”的口令后，应继续比赛。（　）

5. 用腿法击中对方的头部上方，得4分。（　）

6. 黑方接住红方的横踢腿后，用拳法击倒红方，红方得2分。（　）

7. 用拳法进攻后，抱住对方继续使用方法，应判消极搂抱。（　）

8. 黑方使用后扫腿击中红方小腿，边裁应记黑方1分。（　　）

9. 运动员失去平衡，顺势使用主动倒地将对方扫倒，自己得1分。（　　）

10. 运动员使用转身后摆腿击中对方得分部位，边裁应及时给予记分。（　　）

11. 被重击倒地不起达10秒，台裁征得裁判长同意，判对方为胜方。（　　）

12. 65公斤级与75公斤级使用拳套的质量不同。（　　）

13. 青少年锦标赛参赛队员的年龄在14～17岁、成人锦标赛年龄在18～35岁。（　　）

14. 强制读秒时，台裁站的位置不要挡住裁判长的视线。（　　）

15. 一场比赛中黑方被强制读秒3次，应判红方为该场胜方。（　　）

三、选择题（每题1分，共计10分）

1. 红方以鞭腿猛击对方肘部时，致使黑方肘关节脱臼，应判（　）。

A. 给黑方读秒　　B. 请医生上台　　C. 征求裁判长意见

2. 台上裁判员给运动员强制读秒时，应该面对（　　）。

A. 裁判长　　B. 医生　　C. 运动员

3. 10名参赛运动员中的种子选手为（　　）。

A. 2个　　B. 3个　　C. 4个

4. 黑方腿部被击后，用拳法连击红方头部，致使红方被强制读秒1次，黑方得（　　）。

A. 3分　　B. 2分　　C. 1分

5. 黑方将红方推下擂台的同时，黑方也倒在了擂台上，应判（　）。

A. 红方下擂，黑方倒地　　B. 红方下台　　C. 下台无效

6. 红方使用拳法击中黑方头部后下潜防守再次击中对方头部，应判（　　）。

A. 红方连击　　B. 红方得2分　　C. 红方得1分

7. 双方使用摔法，台上裁判喊“停”时，红方压在黑方身上，黑方单手支撑台下，应判（　　）。

A. 红方得1分　　B. 黑方下台

C. 双方下台　　D. 双方倒地

8. 一局比赛中，红方消极搂抱2次，提示2次，劝告2次，对方得（　　）。

A. 2 分　　B. 6 分　　C. 4 分　　D. 3 分

9. 黑方下潜进行搂抱对方的同时，红方使用腿法击中黑方头部，致使黑方被强制读 8 秒，(　　)。

A. 红方得 2 分　　B. 红方得 3 分　　C. 红方被警告

10. 黑方小腿被红方拳法击中后，随即黑方用腿法击中红方躯干，得分情况为(　　)。

A. 黑方得 2 分　　B. 红方得 1 分

C. 双方互不得分　　D. 黑方得 2 分，红方得 1 分

四、问答题（16 分）

1. 侵人犯规及罚则有哪些？(8 分)

2. 遇到哪些情况，台上裁判须暂停比赛？(8 分)

五、简答题（16 分）

1. 何谓“方法不清楚，效果不明显”，请从两方面说明。(8 分)

2. 简述竞赛规则中的不得分条款。(8 分)

附录三　散打裁判理论考试模拟试题（3）

一、填空题（每空 1 分，共 23 分）

1. 裁判员必须具备：________，________，________，________。

2. 30 名运动员参加的决前 8 名的单败淘汰赛的总场数是：______；14 名运动员参加的单败淘汰赛的轮空号是______、______。

3. 运动员参赛时必须出示至报到之日起前______天内的包括脑电图、心电图、血压、脉搏等指标在内的体格检查证明。

4. 如体重不符，在规定的称量时间内达不到______级别时，则不准参加以后______的比赛。

5. 运动员必须穿戴大会指定的________。

6. 拳套的质量：成年男子 65 公斤级及以下级别的拳套质量为________克。

7. 不能按时参加称量体重，赛前________次点名未到或点名后擅自离开，不能按时上场者，作________论，取消本人全部成绩。

8. 受理参赛队对裁判执行竞赛规程，规则的判决结果有异议的申诉，但只限对______的申诉。

9. 散打比赛中运动员的________、裆部均为禁击部位。

10. 散打比赛中运动员的________、大腿均为得分部位。

11. 禁止使用________攻击到的对方的头部。

12. 运动员相互抱缠________或无效进攻超过________秒时，裁判员可以叫停。

13. 被重击（侵人犯规除外）________达10秒，或虽能站立但________，判对方为该场胜方。

14. 一场比赛中，被重击________（侵人犯规除外）达3次，判对方为该场胜方。

二、判断题（对的划√，错的划×，每题1分，共25分）

1. 只有队医诊断有伤病不能继续比赛，并报送编排记录长后，才能作弃权论。（　）

2. 人体的肩部、上肢、脚跟、脚背、脚掌即不是禁击部位，也不是得分部位。（　）

3. 台裁在局间休息55秒时通知运动员上擂台。（　）

4. 红方运动员主动用扶地前扫腿将黑方击倒，却被黑方的身体压住了自己的腿部而不能顺利站立，应判动作无效。（　）

5. 黑方运动员被红方运动员摔倒在台边，在裁判喊“停”的同时，又再次发力将红方摔倒下擂台，应判红方下台。（　）

6. 红方运动员企图运用主动倒地动作进攻对方，但还没有完成倒地状态却被黑方击中头部，应判黑方得2分。（　）

7. 黑方运动员因对方犯规而不能继续比赛，被判为该场胜方，但不得参加以后的比赛。（　）

8. 运动员被重击强制读秒3次，判对方为该场胜方，但不得参加以后的比赛。（　）

9. 一场比赛中一方运动员侵人犯规达3次，取消该场比赛资格，判对方为该场胜方。（　）

10. 黑方使用拳法将红方打下擂台时，自己不慎也倒在了擂台上，台上裁判员只判红方下台。（　）

11. 一局比赛结束，5位边裁都判双方运动员的得分相同，因黑方在该局比赛中被警告了1次，结果判红方获胜。（　）

12. 一场比赛中红方共 3 次下台，判黑方为该场胜方。（ ）

13. 一场比赛中黑方被强制读秒 3 次，应判红方为该场胜方。（ ）

14. 红方被黑方用转身后摆腿击中躯干而倒地，台上裁判又给红方强制读 8 秒，黑方可得 6 分。（ ）

15. 用方法主动倒地后，因对方用腿连续进攻而超过 3 秒不能及时站立，判倒地者消极，对方得 1 分。（ ）

16. 一场比赛中，一方运动员因技术犯规受罚达 6 分时，应判对方为该场胜方。（ ）

17. 黑方运动员因红方侵人犯规受伤，读秒达 10 秒而不能继续比赛，台上裁判员可即刻判黑方为该场胜方。（ ）

18. 在比赛中，黑方被重击头部倒地不起达 10 秒，台上裁判可立即判红方为优势获胜。（ ）

19. 在比赛中，黑方先运用摔法未能成功，红方正在变招反摔时，台上裁判员已发出了“停”的口令。（ ）

20. 双方运动员互摔，红方先倒在了擂台上，在台上裁判员喊“停”的同时，黑方因顺着动作惯性掉下了擂台并与红方脱离，应判黑方下台。（ ）

21. 红方因黑方犯规被读秒，在读秒至 8 秒前已表示能继续比赛且知觉正常，台上裁判员只给了黑方口头警告。（ ）

22. 红方抱住了黑方的攻击后腿，即刻用鞭腿反击击中了黑方的躯干，红方可得 2 分。（ ）

23. 红方用腿法击中黑方的肩关节与躯干的连接处，只能得 1 分。（ ）

24. 在比赛中教练员大声呼喊并指挥比赛，台上裁判员判其技术犯规而给本方运动员劝告 1 次。（ ）

25. 黑方把红方摔倒在台边，在裁判员喊“停”的同时，又发力将红方摔下擂台，可判红方下台。（ ）

三、选择题（每题 1 分，共 25 分）

1. 黑方使用摔法将红方摔倒致使红方休克，台裁应先（ ）。

A. 喊医生上台　　B. 读秒　　C. 征求裁判长意见

2. 红方踹腿击中黑方躯干后，不慎用手支撑了台面，应判（ ）。

A. 各得 2 分　　B. 红方得 2 分　　C. 互不得分

3. 红方转身鞭拳，用前臂击中了黑方的面部，应判（ ）。

A. 红方犯规　　　　B. 红方不得分　　　　C. 红方得 1 分

4. 红方用重拳击中黑方的头部后，造成黑方倒地并被强制读 8 秒，应判（　　）。

A. 红方得 3 分　　　　B. 红方得 5 分　　　　C. 红方得 1 分

5. 红方被指定进攻后，虽在 5 秒之内进攻了黑方，但紧接又一次出现消极，应（　　）。

A. 指定黑方进攻　　　　B. 再次指定红方进攻　　C. 判红方消极

6. 红方抱摔黑方，黑方两次用拳法明显击中红方背部，应判（　　）。

A. 黑方得 2 分　　　　B. 黑方技术犯规　　　　C. 不得分

7. 红方用拳法击中黑方头部，黑方用鞭腿反击，击中红方大腿，红方又用拳法击中黑方头部，在这个组合中应判（　　）。

A. 红方得 2 分，黑方得 1 分

B. 互不得分　　　　C. 红方得 1 分

8. 黑方在提膝的同时，被红方用腿法击中臀部，应判（　　）。

A. 红方得 2 分　　　　B. 红方得 1 分　　　　C. 不得分

9. 红方用拳法进攻黑方头部后，又用鞭腿进攻黑方右大腿，黑方用左鞭腿反击击中红方躯干，应判（　　）。

A. 各得 2 分　　　　B. 互不得分　　　　C. 黑方得 2 分

10. 黑方用腿击中红方躯干后，被红方抱住摔倒在地，红方也随之倒地，应判（　　）。

A. 黑方得 2 分　　　　B. 黑方得 2 分，红方得 1 分

C. 互不得分

11. 红方用拳法进攻黑方头部，黑方用勾踢腿快速将红方击倒，在台上裁判喊“停”的同时，黑方也因惯性倒地，应判（　　）。

A. 红方倒地在先　　　　B. 红方倒地　　　　C. 动作无效

12. 运动员报名级别为 75 公斤，称量体重是 80 公斤，应参加哪个级别的比赛（　　）。

A. 80 公斤级　　　　B. 75 公斤级　　　　C. 不准参加比赛

13. 红方转身踹腿击中黑方躯干，又用摔法将黑方摔倒，自己随着动作的惯性也随之摔倒，应判（　　）。

A. 互不得分　　　　B. 红方得 3 分　　　　C. 红方得 2 分

14. 红方用腿法击中黑方裆部，黑方倒地并被读秒达 10 秒钟后仍不能站起，应判（　　）。

A. 黑方获胜　　　　B. 经医务监督确认后再判决

C. 红方被警告并获胜

15. 红方使用主动倒地动作进攻，没有击倒对方且不能在 3 秒之内站立，应判（　　）。

A. 红方消极 3 秒　　B. 互不得分　　C. 动作无效

16. 红方转身踹腿击中黑方躯干，又用摔法将黑方击倒，致使黑方双脚支撑了台下保护垫，而双手却抓握着红方的手套，红方仍在台上站立，应判（　　）。

A. 红方得 4 分　　B. 红方得 3 分　　C. 黑方下台

17. 裁判员喊“停”后，红方用腿法将黑方击倒达 10 秒后，黑方仍不能站起，应判（　　）。

A. 红方犯规　　B. 黑方获胜

C. 经医务组检查确定受伤后判红方侵人犯规，黑方获胜

18. 在一局比赛中，如果双方运动员的得分相同时，应以（　　）决定胜负。

A. 警告少者　　B. 体重轻者　　C. 主动进攻技术强

19. 红方举手要求暂停，在台上裁判员还未发出“停”的口令前，黑方用腿击中红方躯干，应判（　　）。

A. 黑方得 2 分　　B. 得分无效　　C. 黑方侵人犯规

20. 比赛中，台上裁判员对运动员是否支撑了台面无法准确判断时，首先应征求（　　）的意见。

A. 裁判长　　B. 边裁判员　　C. 运动员

21. 10 名参赛运动员中的种子选手为（　　）。

A. 2 个　　B. 3 个　　C. 4 个

22. 红方用重拳击中黑方躯干后，造成黑方倒地，应判（　　）。

A. 红方得 3 分　　B. 红方得 2 分　　C. 红方得 1 分

23. 女子散打比赛，运动员因头发影响动作而要求暂停，台上裁判员应（　　）。

A. 红方犯规　　B. 黑方获胜

C. 给黑方强制读秒　　D. 暂停

24. 散打比赛场地为（　　）。

A. 高 50 厘米，长 800 厘米，宽 800 厘米

B. 高 60 厘米，长 900 厘米，宽 900 厘米

C. 高 60 厘米，长 800 厘米，宽 800 厘米

25. 边裁的职责为（　　）。

A. 根据规程学习规则
B. 根据裁判长信号，显示评判结果
C. 宣布每场比赛结果

四. 问答题（共 27 分）

1. 称量体重时的相关要求有哪些？（9 分）
2. 胜负评定中的优势胜利包括哪几条规定？（9 分）
3. 简述竞赛规则中的得 1 分条款。（9 分）

附录四　著名爱国武术搏击家简介

中华武术搏击在社会的发展过程中起到了重要的作用，自古以来，在世界上享有较高声誉。近现代以来，许多中国武术家登台打擂，与洋人比武较量，尤其是在抗击外国殖民侵略的战争中功不可没。众多武术志士，以精湛的武艺、自身的实力打败对手，为国争光，扬我国威，一雪“东亚病夫”之耻辱。他们伟大的爱国精神不可磨灭，他们的名字永载史册。

1. 丁发祥

丁发祥，沧州孟村人。康熙十五年，丁发祥北游燕京，遇见两名沙俄大力士在那里摆擂，他看到有几位技击家与其交手，都被打败。丁发祥挺身而出，与俄罗斯大力士较量，两位大力士都被其击败。

2. 范旭东

范旭东，精通螳螂拳和铁砂掌。光绪年间，沙俄大兵在西伯利亚霍地市摆擂台，讥笑中国民孱国弱而无能人。范旭东奋勇前往，打败沙俄拳击家 10 多人，夺锦标凯旋回国。

3. 释德根

释德根，嵩山少林寺和尚，清末化缘入京，当时他刚满 18 岁，目睹英国皇家拳师丘斯威尔摆擂击死、击伤多名中国人，愤怒之下登台与其搏斗，他先后使用“梅花拳 ”和“蝴蝶展眉 ”，但都未奏效，最后左手使出“掏心拳”，丘斯威尔被打得七窍流血，一命呜呼。

4. 纪德

纪德，满族人，字子修，名纪三，姓吴扎拉氏，光绪十七年，戍守中俄边界。自认为隔衣数层用手指袭人的沙俄军官与他交手。纪德用岳氏散手“披肩式”把对方摔倒在地。对方站起猛扑过去，他又使出“双冲式”两臂下压，接着借势将其抛起，制服了沙俄军官。

5. 单刀李

李存义，字忠元，河北深县人。当时人们称其为“单刀李”。1890 年，八国联军入京，他加入义和团奋勇抗击。在天津老龙口的一次战役中，他单刀上阵，四面冲杀，砍死数敌，尸横遍地，敌惊慌逃窜。

6. 杜心武

杜心武，湖南慈利县人，早年做过镖师。1890 年东渡日本，考入东京农科大学。1903 年，他作为中国留学生邀请代表，参加在东京举行的全日大学生柔道比赛，击败数位高手，轻松取胜，一时轰动全东京。后来他加入同盟会，曾担任过保卫孙中山先生的工作。

7. 张占奎

张占奎，清朝年间，他打败了一个在六国摆擂、获六国金牌的德国大力士，名震京津。

8. 霍元甲与其子霍东阁

霍元甲，天津人，以家传绝技“迷踪艺”驰名武林。1909 年前往上海，与在上海设擂的西方大力士奥皮音比武，奥皮音听说后，因畏惧霍元甲，在比赛前就已悄然逃走。之后，日本武士师徒二人主动上门挑战，日方徒弟与霍氏徒弟刘振声先交手，未分高低。接着双方师傅交手，搏斗几回合后霍元甲主动进攻，用“鲤鱼翻身”把对方翻扑到天阶下。在霍元甲抱病在身期间，日本人将有毒药品送给霍元甲，霍元甲毫不知情，服药后身亡。当年他的次子 15 岁的霍东阁，闻此噩耗，决心继承父志，振兴国术。1919 年，他离开中国在南洋侨乡传授武艺，并与许多欧美拳击家交手，都将他们打败。

9. 韩慕侠

韩慕侠，又名金庸，天津人，张占魁的大弟子，精通形意、八卦。1919 年随师傅进京，在六国饭店击败了讥笑华人是“东亚病夫”的俄国人康泰尔。在搏斗中，韩慕侠上用“八卦转环掌”绕避，下用“勾连腿”扫其小腿，趁其重心不稳之时，用右掌向其前胸华盖穴击出，将康泰尔打倒在地。

10. 王子平

王子平，回族，河北沧州人，精通多种拳术；1916 年在济南打败日本青年团佐藤氏；1920 年在青岛打败日本人宫本氏和德国人克泊玛氏；1919 年 9 月，号称“环球大力士”的俄国人康泰尔在北平中央公园（今中山公园）五色土设“万国赛武大会”，预定摆擂三天。第一天王子平应战，就将康泰尔摔倒在地。康泰尔狼狈逃走。青州车站德国人向王子平挑战，王子平因举起大磨盘，获“神力千斤王”之称。1921 年，美国人沙利文在上海主持设立“万国竞武场”摆擂，当王子平照约在台上讲话时，忽然一个彪形大汉出拳向他打来，他用一拳一腿，轻而易举将对方打倒在地。

11. 石大斧

石大斧，因善劈掌砍斫功夫而得“大斧”绰号。1919年石大斧在台湾谋生时，日本武士山边田夫主动上门挑战。一开始山边田夫气势凶猛，拳腿齐上，当他腾身飞脚踢向石大斧时，石大斧侧身退后，接着五指狠力一斫，一掌下去，山边田夫的小腿就被折断。

12. 刘百川

刘百川，安徽六安县人，自幼习武，擅长腿法，有“江南第一脚”之称。曾得少林高僧杨澄云秘传，中年走镖关外。中过武举。他曾游历香港，用“子母鸳鸯连环腿”击败英国大力士。当时在场的孙中山，亲书“尚武精神”嘉奖他。

13. 李晓臣

李晓臣，河北冀县人，曾事清朝会友镖局；开过兴盛一时的“武术茶社”；主持过“北京精武体育研究会”；在慈禧面前表演过“八仙庆寿剑”；教过京剧旦角大师梅兰芳《霸王别姬》中的舞剑手法；教过京剧武生杨小楼演《安天会》(即《闹天宫》)中的猴拳动作。日本侵占北京后，学过柔道和八卦的日本军官武田西找他比武。无论比拳还是比日本战刀，武田西都被他打败。在南京李晓臣与日本人比武，他让过对方后，仅用一拳，对方倒栽着被他打下台去。新中国成立后，李晓臣在怀仁堂为毛主席和中央首长作过精彩的武术表演。

14. 吉万山

吉万山，1903年出生于河北献县的一个农民家庭。1933年6月，以摔跤著名，自称“走遍欧亚无敌手”的俄国大力士杰力柴夫来到哈尔滨欲与吉万山较量。经过一段搏斗，吉万山使出“鬼推磨”招法，贴近对方身体全力一推，把他撞倒在地。气急败坏的杰力柴夫，又出一记耳光，吉万山躲闪后，使出“虎拉头”，一拳打向他左肋，杰力柴夫摔倒在地。第二天杰力柴夫悄悄溜出哈尔滨。

15. 沈三

沈三，北京著名摔跤师。1934年在北京击败俄国大力士麦加洛夫。

16. 李小龙

李小龙，原籍广东，精通咏春拳，自创“截拳道”。18岁赴美留学。留学期间，三段空手道拳手日本留学生山本向他挑战，经三四个回合后，李小龙一个鞭拳把山本打倒在地，山本站起又向他扑来，他虚晃后猛然用力侧身踹出，三本又被踢倒在地。大学毕业后，李小龙在西雅图开办了一个武术馆，有许多韩国跆拳道、美国拳击和日本空手道高手找上门挑战，都被他打败。有一次在美国唐人街，他看见四个歹徒正持刀胁迫一名华人少女，他赤手空拳，将四名歹徒全部打倒在地，少女得救了。从此李小龙名震纽约。李小龙在泰国拍摄电影《唐山大兄》期间，他曾与泰国拳王察猜比武。交手多时，李小龙最终使用绝招“连环三脚”将对方击倒。

17. 孙禄堂

约在1923年，日本武士道大力士坂垣奉命到北京找孙禄堂比武。孙禄堂用点穴等手法进攻，将其制服。坂垣甘拜下风。1930年秋，自称“拳可推动千斤，脚可踢动八百”的6名日本武士到上海虹口孙禄堂住处找他比武。孙躺在地上，让其五人分别按住头、双手和双脚，留下一人发令。当口令“一二”刚过，“三”字还未出口，孙禄堂使用游身八卦法，一个“蜈蚣蹦”瞬间拔地跃起，5个日本武士全部跌倒，无奈只有惭愧而去。

18. 叶问

在日军攻占佛山后，叶问的过人功夫，早被日本宪兵队得知，欲邀请他担任宪兵队的武术教练，一向有民族正义感的他，拒绝了日本宪兵队之请，日本宪兵队在盛怒之下，指派武术高手与叶问比武，言明如果叶问被打败，就要听命差使，在无法拒绝的情况下，叶问只好接受比武。来者身材高壮，拳重马健，最终，叶问用咏春桩手，二字钳羊马招法制服了对手。

19. 张福全

1941年，25岁的张福全在成都应战国民党双流飞机场的美国顾问、空军上校皮尔逊，赛前规定不准用腿。比赛一开始，彼尔逊接连直拳进攻张福全头部，张福全使出“燕子钻帘”势，迅速腾空而起，挥手一个“洗脸破面”，顿时皮尔逊鼻血迸发，跌坐在地。他起来后又用横拳进攻，张福全一个低身躲闪避过对方横拳，用“通天炮”击中对方下颌，皮尔逊昏倒在地。

20. 蔡龙云

蔡龙云，曾任全国武术协会副主席，中国武术研究院教授。1943年12月，西洋拳击界正式提出要与中国武术界进行对抗赛，上海武术界选出八名选手，其中年龄最小的是14岁的蔡龙云。12月13日，蔡龙云与俄籍拳师、西洋拳击界名手马洛索夫比武。比赛一开始，马洛索夫用直拳猛击蔡龙云的脸部，蔡龙云用华拳的“迎面三腿”和少林拳的“连环”手法反击。尤其是“迎面三腿”的巧妙运用，仅两个半回合，马洛索夫就被打翻在地。三年后，马洛索夫又以“唯用拳击而非腿”的约定挑衅。他煽动美国重量级拳击手鲁塞尔与蔡龙云打擂。蔡龙云再施同样绝招，打败了鲁塞尔，威震上海。

21. 蒋浩泉

蒋浩泉，曾任安徽大学体育教研室主任、教授，精通逍遥拳和拳击。抗日战争爆发，为了慰问前方抗战将士和救济孤儿募捐，他在上海、重庆等地与外国拳击名手接连打了十几场拳击赛，大获全胜，被称为“一代拳王”。1947 年，为给上海孤儿院筹集营养费资金，他与俄国拳师马克诺夫打擂，最终获胜。

22. 周士彬

周士彬，出身精武会门，曾任上海体院教授，在我国拳坛上有“拳王”之称。1946 年，他参加在上海举行的七国拳击赛，对手皆败在他的直拳之下。最后他与俄国的巴利柯夫争夺冠军。一开始，巴利柯夫猛烈进攻，周士彬有意躲闪，消耗其体力。当察觉其气喘，体力减弱时，周士彬便开始猛烈进攻，最后用左勾拳将巴利柯夫打倒在地。

23. 魏坚毅

魏坚毅，1953 年 8 月生，江苏省扬州人，自幼随父习练家传的神虎术；19 岁旅居天津时，得知天津体育场来了三个欲与中国武术交流的日本空手道人士，于是来到体育场。三位日本人分别是松山太郎和他的两个徒弟。松山太郎是日本空手道高手，曾获世界空手道大赛亚军。先是松山太郎的大徒弟与魏坚毅交手，比赛一开始，没等对手反应过来，就被魏坚毅轻松打倒在地。接着松山太郎催促另外一个徒弟上场，这位徒弟胆战心惊却不得不遵师命，结果还是被魏坚毅击败。此时，松山太郎亲自上场。松山太郎向魏坚毅猛扑过去，用其多变的招法猛烈进攻，而魏坚毅晃动着身步，与松山太郎始终保持一定距离，巧妙地与他周旋。突然间使出“霸王赶斩英豪”的绝招，松山太郎被打出数米之外。有一次，魏坚毅听说一位号称“天下无敌手”的泰拳师乃玛尔遍访各国无一败绩，乃玛尔到青岛后魏坚毅与其相约在海员俱乐部比武，魏坚毅使出一连串的波浪叠打，起伏不定的连环拳脚，打得乃玛尔无从下手。

24. 黄赐福

黄赐福，原籍广东台县，善白鹤拳。1981 年秋冬间，号称常胜将军的泰国拳师阿也氏向其挑战，搏斗十回合，黄赐福终于打败了他。

参考文献

[1] 《中国武术百科全书》编撰委员会. 中国武术百科全书. 北京：中国大百科全书出版社，1998.

[2] 《中国散手》编写组. 中国散手. 北京：人民体育出版社，1990.

[3] 马学智. 跟专家练散手. 北京：北京体育大学出版社，1998.

[4] 田麦久. 论运动训练计划. 北京：北京体育大学出版社，1999.

[5] 曾凡辉，王路德，邢文华，等. 运动员科学选材. 北京：人民体育出版社，1992.

[6] 全国体育院校教材委员会. 体育院校通用教材运动训练学. 北京：人民体育出版社，2000.

[7] 体育院校成人教育协作组《运动训练学》教材编写组. 体育院校函授教材运动训练学. 北京：人民体育出版社，1999.

[8] 中国国家体育总局. 中国体育教练员岗位培训教材：武术：散手. 北京：人民体育出版社，1999.

[9] 全国体育学院教材委员会武术教材小组. 武术. 北京：人民体育出版社，1991.

[10] 南仲喜，王林. 身体素质训练指导全书. 北京：北京体育大学出版社，2003.

[11] 《中国武术教程》编写委员会. 中国武术教程：下册. 北京：人民体育出版社，2004.